中经汇成(北京)城乡规划设计研究院

新型城镇化研究丛书

印建平 著

质变

——探索内涵型城镇化之路

Qualitative Changes

—Exploring the Way of the Intensive Model of Urbanization

经济管理出版社
ECONOMY & MANAGEMENT PUBLISHING HOUSE

图书在版编目（CIP）数据

质变：探索内涵型城镇化之路/印建平著．—北京：经济管理出版社，2014.7
ISBN 978-7-5096-3257-4

Ⅰ.①质… Ⅱ.①印… Ⅲ.①城市化—发展—研究—中国 Ⅳ.①F299.21

中国版本图书馆 CIP 数据核字（2014）第 171490 号

组稿编辑：杨 雪
责任编辑：杨 雪
责任印制：黄章平
责任校对：超 凡

出版发行：经济管理出版社
（北京市海淀区北蜂窝 8 号中雅大厦 A 座 11 层 100038）
网 址：www.E-mp.com.cn
电 话：（010）51915602
印 刷：三河市延风印装厂
经 销：新华书店
开 本：720mm×1000mm/16
印 张：11.75
字 数：180 千字
版 次：2014 年 7 月第 1 版 2014 年 7 月第 1 次印刷
书 号：ISBN 978-7-5096-3257-4
定 价：46.00 元

序

改革开放以来，伴随着工业化进程加速，我国城镇化经历了一个起点低、速度快的发展过程。1978～2013年，城镇常住人口从1.7亿人增加到7.3亿人，城镇化率从17.9%提升到53.7%，年均提高1.02个百分点；城市数量从193个增加到658个，建制镇数量从2173个增加到20113个。按照美国地理学者诺瑟姆的理论，城市化率在30%～70%之间属于快速发展时期，我国正处在城镇化快速发展时期。

当前我国城镇化存在六个方面的问题：①农民工市民化进程滞后。受城乡分割的户籍制度影响，被统计为城镇人口的2.34亿农民工及其随迁家属，未能在教育、就业、医疗、养老、保障性住房等方面享受城镇居民的基本公共服务。城镇内部出现新的二元结构矛盾，农村留守儿童、妇女和老人等问题日益凸显，这些问题给经济社会发展带来诸多风险隐患。②"土地城镇化"快于人口城镇化。一些城市"摊大饼"式扩张，过分追求宽马路、大广场，新城新区、开发区和工业园区占地过大，建成区人口密度偏低。2000～2011年，城镇建成区面积增长76.4%，远高于城镇人口50.5%的增长速度，城市人均建设用地142平方米，超过国家80～120平方米的标准。③城镇空间分布和规模结构不合理。我国东部一些城镇密集地区资源环境约束趋紧，中西部资源环境承载能力较强地区的城镇化潜力有待挖掘；城市群布局不尽合理，城市群内部分工协作不够、集群效率不高；部分特大城市主城区人口压力偏大，与综合承载能力之间的矛盾加剧；中小城市集聚产业和人口不足，潜力没有得到充分发挥；小城镇数量多、规模小、服务功能弱，这些都增加了经济社会和生态环境成本。④城市管理服务水平不高。一些城市空间无序开发、人口过度集聚，存在着重经济发展、轻环境保护，重城市建设、轻管理服务等现象，同时存在着交通拥堵严重、公共服务供给能力不足、城中村和城乡结合部等外来人口集聚区人居环境较差等问题。⑤自然历史文化遗产保护不力。部分城市脱离实际建设国际大都市，“建设性”破坏不断蔓延，城市的自然和文化个性被破坏。一些农村地区大拆大建，照搬城市小区模式建设新农村，简单用城市元素与风格取代传统民居和田园风光，导致乡土特色和民俗文化流失。据了解，我国平均每天消失80～100个村落，每天都有169起违规占地事件，每年拆毁的老建筑占建筑总量的40%。⑥城镇化发展的体制机制不健全。我国现行城乡分割的户籍管理、土地管理、社会保障制度以及财税金融、行政管理等制度，固化着已经形成的城乡利益格局，制约着农业转移人口市民化，阻碍着城乡发展一体化。在等级化城镇行政管理体制下，公共资源过度向行政等级高的城市集中，使得基层存在着财权与事权不对等的现象。

当前，我国城镇化转型发展的内在要求更加紧迫。随着我国农业富余劳动力减少和人口老龄化程度提高，主要依靠劳动力廉价供给和土地等资源粗放消耗推动城镇化快速发展的模式不可持续；随着户籍人口与外来人口公共服务差距造成的城市内部二元结构矛盾日益凸显，主要依靠非均等化基本公共服务压低成本推动城镇化快速发展的模式不可持续。由重数量、重速度型向重质量、重内涵挖潜型的城镇化道路转型，迫在眉睫。

《国家新型城镇化规划》（2014～2020年）提出：“走以人为本、四化同步、优化布局、生态文明、文化传承的中国特色新型城镇化道路。”这二十个字就是对新型城镇化的最好诠释。

（1）以人为本。以人的城镇化为核心，稳步推进城镇基本公共服务（包括教育、就业、社保、医疗、保障房等）常住人口全覆盖。农民工市民化是城镇化的核心，一“化”可以解百愁。要建立健全由政府、企业、个人共同参与的农业转移人口市民化成本分担机制。政府要承担农业转移人口市民化在义务教育、劳动就业、基本养老、基本医疗卫生、保障性住房以及市政设施等方面的公共成本。企业要落实农民工与城镇职工同工同酬制度，加大职工技能培训投入，依法为农民工缴纳职工养老、医疗、工伤、失业、生育等社会保险费用。农民工要积极参加城镇社会保险、职业教育和技能培训等，并按照规定承担相关费用，提升融入城市社会的能力。

（2）四化同步。城镇化与工业化、信息化和农业现代化同步发展，是现代化建设的核心内容，彼此相辅相成。工业化处于主导地位，是发展的动力；农业现代化是重要基础，是发展的根基；信息化是助推器，为发展注入新的活力；城镇化是载体和平台，承载工业化和信息化发展空间，带动农业现代化加快发展。通过“四化统筹”，最终形成以工促农、以城带乡、工农互惠、城乡一体的新型工农、城乡关系。

（3）优化布局。今后一个时期，我国要构建以陆桥通道、沿长江通道为两条横轴，以沿海、京哈京广、包昆通道为三条纵轴，以轴线上城市群和节点城市为依托、其他城镇化地区为重要组成部分、大中小城市和小城镇协调发展的“两横三纵”城镇化战略格局。要建立城市群发展协调机制。有效控制特大城市新增建设用地规模，适度增加集约用地程度高、发展潜力大、吸纳人口多的卫星城、中小城市和县城建设用地供给。把加快发展中小城市作为优化城镇规模结构的主攻方向，加强产业和公共服务资源布局引导，提升质量，增加数量。

（4）生态文明。把生态文明理念全面融入城镇化进程，着力推进绿色发展、循环发展、低碳发展，节约集约利用土地、水、能源等资源，强化环境保护和生态修复，减少对自然的干扰和损害，推动形成绿色低碳的生产生活方式和城市建设运营模式。加快自然资源及其产品价格改革，全面反映市场供求、资源稀缺程度、生态环境损害成本和修复效益。要依托现有山水脉络等独特风光，让城市融入大自然，让居民望得见山、看得见水、记得住乡愁。要注意保留村庄原始风貌，慎砍树、不填湖、少拆房，尽可能在原有村庄形态上改善居民生活条件。

（5）文化传承。不要贪大求洋、千城一面，发展有历史记忆、地域特色、民族特点的美丽城镇。加强历史文化名城名镇、历史文化街区、民族风情小镇文化资源挖掘和文化生态的整体保护，传承和弘扬优秀传统文化，推动地方特色文化发展，保存城市文化记忆。要搞好城市的图书馆、美术馆、博物馆等文体设施的建设和运营。

新型城镇化应在以下四方面改进：①更加注重体制机制的变革，是依靠改革创新驱动，通过改革进一步释放发展活力，而不是单纯地依靠投资驱动。②更加注重市场的作用，主要通过市场配置要素资源，而不是通过计划行政命令配置资源。③更加注重国际间的合作与交流，善于吸纳和借鉴国内外一切优秀的成果与智力，而不是故步自封，夜郎自大。④更加注重全面、协调、可持续的高质量发展，而不是单纯的高速度发展。

新型城镇化内涵广博，“横看成岭侧成峰”，不同的专业领域也有不同的看法。中经汇成（北京）城乡规划设计研究院印建平院长撰写的《质变——探索内涵型城镇化之路》，用平实的语言、古今中外的事例，给新型城镇化一个独特的解释：城镇化的发展不单是量变的过程，重要的是一个质变的过程。要发展内涵型的、以人为本的城镇化，重在提高城镇化质量，产业发展、空间规划、旧城改造、社会发展、文化发展、技术因素等都对内涵型城镇化具有深刻的影响。本书的观点对于我们发展紧凑型、集约型、绿色型、智能型的城镇化具有重要的启示作用。

城镇化在改变着中国乃至世界的同时，也改变着每一个人的命运，每一个人的努力也在慢慢改变着城镇化的内涵和方向。我们这个时代恰逢与城镇化同行。

是为序。

张新民
2014 年 6 月于金地朗悦

目 录

第一章　总　论

第一节　以史为鉴论城镇

一、城镇史五千年

众所周知，在长达五千年的历史长河中，中华文明的主体是农业文明，但很少有人会注意到城市文明的重要地位。从某种意义上讲，它的地位甚至并不低于农业文明：城市文明绝不是居于末流或从属地位的“亚文明”，而是长期居于领导地位、以统治阶级和精英阶层为骨干、集三教九流之智慧的文明精华。中华文化形成过程复杂，内涵博大精深，但如果强以一字以蔽之，则以“中”字可以代表。“中”的观念自远古部落时期便已形成，正是在这一“中”字之内，中国城市文明开始孕育。

所谓城镇化，特指工业化以来人口大规模较快向城市转移的过程。广义地说，则包括所有农村人口向城镇转移的动态过程。只是在古代，城镇化过程异常漫长，速度十分缓慢且常有反复，通常不被视为一个完整的城镇化进程。据研究，中国古代的城镇化史在上古以前基本上是缓慢连续上升的，并在先秦时期达到第一个高峰，城镇化率在15%左右。随后又波动上升，历经千余年，到两宋时期达到封建时代城镇化的顶峰，城镇化率在22%左右。再之后，城镇化率又开始下降，清朝最低降至6%左右，近代略有回升，新中国成立前约为10%。那么中国古代城市人口比例忽高忽低的主要影响因素是什么呢？据中国台湾学者赵冈研究，决定中国古代城市人口比例的是余粮率，即农业人口所生产的粮食中有多少比例能够通过纳税和交换提供给非农业人口食用，即有多少余粮则能养活多少非农业人口。

在近代工业进入中国以前，整个农业劳动生产率的提升是缓慢的，工业对城镇化的影响是明显的。即便是在工业生产对农业影响十分有限的近代，即使伴随着中国国力的衰弱和长期战乱，总人口和城市人口比例仍然实现了比古代社会明显较快的增长。

中国正式的工业化进程开始于新中国成立后的“一五”时期。在计划经济体制下，出于“以粮为纲”的国家战略考虑，城镇人口数量受到计划的限制，但城镇化速度仍然较快，大体上以每两年1个百分点的速度增加，到1979年已经增长到20%。改革开放30多年，城镇化进程开始加快。尤其是进入20世纪90年代以后，城镇化率大致以每年1个百分点的速度持续推进。

二、城镇化正本溯源

城镇化，这是一个近年来开始频繁使用的词语，国外文献直译为城市化，因为国外没有将城市和镇截然区别开来的建制。中西方对城镇的理解差别也导致了中国在借鉴西方理论和经验的时候发生一些误会。比如对城镇化率的统计，在“十一五”时期及以前，基本上都是以户籍人口为口径对城镇人口和农村人口进行区分，完全沿用的是计划经济时期遗留下来的城乡二元管理体制，至今这个体制仍然没有实质上的改变。这样的统计结果明显比实际城镇化率低得多，因为户籍门槛未完全消除，人口增长最快的大城市甚至有着森严的壁垒，常住人口快速增长而户籍人口几乎不增长。从“十二五”开始改用“常住人口”统计城镇人口，即以长期（半年以上）居住在城镇的人口为城镇人口。这样的统计结果也引来了很多质疑，质疑最多的意见认为：长期居住在城镇，而户籍、福利、社会保障、政治权利等都不能在城镇实现的人口，并不是真正的城镇人口。总而言之，怎样统计都不能令所有人信服。出现这样的问题的实质原因是对什么是城镇、什么是城镇化、什么是城镇人口的基本概念没有理清楚。

中西方文明是两种不同的文明，对城市的理解迥异。中华文明传统上是农业文明，但城市文明起步很早，成就也非常辉煌灿烂。中国对城市的理解是起于“城”，其后才有“市”。“市”在城中是相当不重要的，最多是功能区之一，而且居于末流，在唐朝以前一直被限制在一两个狭小封闭的地点。“城市”一词是晚近汉语日益双音节化后的产物，并不像有人解释的那样——有城有市才叫真正的城市——有城无市很正常。在古代中国，县城（邑）以上的城市基本上都属于政治中心或军事中心，以政治、军事为主导力量。规模较小的城镇往往不设集市。规模较大的城中居住的大多是脱离了劳动的统治者和从事非农业劳动的商业、手工业者。但也并非绝对。一是几乎所有官僚本身就是地主，与农业联系十分紧密。二是商人大多也兼具地主身份。三是工商业劳动者很多也是农民兼职，在城市和农村之间轮换居住。四是农民居住在城里，甚至耕地就在城里的现象也很常见。比如，周朝城市遗址考古发现有少量耕地，其中居住的必有农民。可能还有不少农民是居住在城里，而耕地在城厢。元大都城市规模很大，达80多平方公里，实际上直到元朝灭亡，元大都也没有被填满，到明朝建立时已有很大一部分沦为荒地或重辟为耕地。大将徐达负责改建北京城时将北面城墙向内缩了足足六里，以缩减建设规模并减轻防务负担。目前河北省正定县城内仍然有四个自然村，各村在县城内还有相当数量的耕地，这是古代城市内进行农业耕作遗留下来的实证。可见城内完全可以有耕地，但总的来说不会太多。镇则是以工商业为主导，一般规模不大，但规模比较稳定。

西方对城市的理解基本上是以工商业为主导，与古代中国的市镇类似，规模不大，但较稳定。现代城市的概念基本沿用了西方的城市概念。西方的城市概念很明确：城市就是集中从事工商业（即非农业）的地方，或者理解为工商业（非农业）人口聚集的地方。

当代中国城镇化总体上已经脱离了中华传统城市文明的道路，走上了更类似西方城市文明的道路，被称之为“现代化”。因此，城镇化的概念主要以西方为准，即非农化。既然城镇化就是非农化，那就要以发展工商业、服务业为主，但也要注意到新一代农业和生态文明理念的崛起、田园城市和都市农业的兴起，使城镇对农业的排斥性也变得不那么绝对了。

三、城镇的本质

亚里士多德说：人们来到城市，是为了生活得更美好。这句话似乎跟没说一样，人几乎所有行为都是趋利避害的，到农村去可能也是为了生活更美好。所以这句话不能说明城市的本质。但是我们可以顺着这句话去找城镇的本质。

亚里士多德是古希腊人，古希腊是西方城市文明的主要发源地。如前所述，西方人对城市的理解主要是指工商业聚集地，或者说非农业聚集地。那么为什么到工商业聚集地就会生活得更美好呢？因为工商业在西方一直是处于比较高的地位的，从事农业、畜牧业、渔业、航海业的人都不如从事工商业的人地位高。希腊城邦文明正是由地中海发达的工商业催生的。这一观念一直被带进现代社会，至今未变。在西方，虽然城乡差距已经大大缩小，但农业显然处在从属地位。在中国现代化的过程中，即为在引进西方文明尤其是工业文明之后，农业文明地位一再降低的过程。

那么西方人又为什么认为城镇的生活会更好一些呢？其实不只是在西方，中国古代城市的居民也要比农民生活好，毕竟主要是统治阶级居住在城市。城市的好处有千般万种，但归结起来只有一条，那就是便利。便利的根本原因也只有一条——集聚。虽然现在我们已经认识到过度集聚也不舒服，但是没有集聚则城市的一切好处都不会有。如果技术上允许，可以解决掉交通堵塞、空气污染等问题的话，城市总是更倾向于进一步集聚。比如地铁，常有人说它是用来疏散交通的，其实它从来没有达到过这个效果，它唯一的作用是来吸引更多的人，让更多的人聚集在狭小的空间。北京中关村是著名的交通堵点之一，地铁4号线规划一出炉就引来万众期待，期待地铁通车后中关村再也不堵了，人可以滞留得少一些。但实际上，通车后地铁从其他城区和南城郊区拉来了更多的人，拥堵的问题反而更严重。但不能说地铁4号线没有用处，它让中关村的集聚程度提高了，人流量增加了，更多的人方便了。因此，集聚是城市的本质。这一本质反映着人的社会性，人是天然的群居动物，而且要建立密切复杂的人际关系才能实现人之所以为人的哲学追求。城市发展到一定程度也会扩散，称为逆城市化。这并不是因集聚不好，而是实在没有技术手段解决集聚带来的问题，只好分散。总而言之，只要是城市就非集聚不可，并且必须是有质量的集聚。

那么，城镇化的目的就了然了，就是要集聚并享受集聚带来的经济和便利。当代中国城镇化搞得很粗糙，大城市摊大饼，小城市摊小饼，摊了一大摊，厚度没人管了，甚至摊着摊着就摊漏了，旧城破败了，城中村一个个茕茕孑立，颇有点狗熊掰玉米的味道。这是对城镇化本质了解不够造成的，以为扩大就叫城镇化，其实正好相反，有质量的集聚才叫城镇化。

第二节 纵横中外观潮流

一、中西方城镇化的基本差别

在古代，西方的城镇化水平一直远远落后于中国。中国在 8 世纪就出现了第一个人口超百万的城市——长安，也是全世界有史以来最早的世界级城市。300 年后的北宋，又出现了第一个人口超 200 万的大城市——东京。又仅仅相隔 100 年的南宋，出现了规模更大的城市——临安，据估计人口超过 300 万。而至此时，西方的城镇规模还普遍在万人级水平。如最大的城市威尼斯，当时有 30 万人，大概相当于中国宋朝的四大名镇之一的朱仙镇。伦敦则只有 10 万人。其余各“大城市”包括各国首都，均不超过此般规模。

西方城镇化道路是沿着古希腊开创的城邦文明道路一路走下来的，其大发展则是由工业化推动的。这种模式后来借助工业优势和殖民侵略推广到世界各地，成为当今世界城镇化的主流。工业革命发生后，城镇化突飞猛进，城市规划理论也有了长足进展，但总体上是继承了古希腊建筑理论，延续性较好。这也是经过两次世界大战的毁灭性打击，我们仍能在欧洲看到许多完整古城或古城风貌遗迹的原因。由于有上千年工商业城市的传统，由大工业来推动城市发展显得水到渠成。西方城镇化模式在西方基本上是连续的，但是影响到世界其他地方时，它开始是强行推行的，因而打断了各地原有的城镇化模式，造成各地城镇化模式的不连续性。凡是非欧美地区走西方城镇化模式的地方，都存在这个问题。

二、城镇化主要模式

（一）英美模式

西方国家城镇化的代表是英国和美国。

英国的城镇化坚持以城乡规划为主体的公共干预政策。英国和欧洲大多数城市一样，在历史上长期以工商业为推动力自然发展，城市规模不大，缺乏必要的规划。但是工业革命发生后，由于人口和产业活动的迅速集聚而城市缺少必要的污水和垃圾处理等基础设施，导致了严重的环境污染和致命疾病的流行。发生在1666年的伦敦大火将伦敦全城几乎夷为平地，同时也为整体规划提供了契机，从此迈入了重视规划和公共干预的新阶段。自19世纪中叶起，英国通过了一系列的法案，对环境卫生问题进行管理。1909年颁布的《住宅与规划法》成为世界上第一部城市规划法，标志着规划成为重要的政府管理职能和引导城镇化进程的公共政策。继英国之后，欧洲各国相继建立了城市规划体系，采取了有力的行政干预来改变城市环境。各国相继制定法律法规对城市化和城市建设进行强制性规定和规划引导，并在城镇化进程中经历了制度、方法和技术的不断演进和完善。

美国的城镇化曾出现过度的郊区化导致巨大的资源浪费和生态破坏。从19世纪末至20世纪70年代，伴随着工业化的迅猛发展和对西部地区的开发，美国城镇化全面迅速发展。美国郊区化现象在“二战”后进入大规模的扩展阶段，在20世纪50年代以住宅的郊区化为主，到20世纪60～70年代郊区化程度越来越高，企业的办公地点也开始向郊区转移。尽管美国的郊区化有效满足了广大中产阶级追求理想居住环境的市场需求，人口密度降低，城市与郊区、乡村之间的差距逐步缩小，不断融合，但也为过度郊区化付出了巨大的资源和环境代价：①土地资源浪费严重；②经济成本居高不下；

③生态环境破坏愈演愈烈；④贫富差距等一系列社会问题加剧；⑤资源能源消耗量大。越富有的人住得离城越远，富裕的郊区环绕着相对贫穷的中心城区的城市空间形态成为美国城市的主要特征。

近年来，城市蔓延引起美国政府和社会各界的反思。由地方政府最先提出的“精明增长”理念获得越来越广泛的社会共识，其主要内容包括强调土地利用的紧凑模式，鼓励以公共交通和步行交通为主的开发模式，混合功能利用土地参与，以实现经济、环境和社会的公平。同时政府还划定“城市拓展界限”，采取行政和经济手段，抑制郊区化的发展速度。这是针对美国长期以来完全市场经济条件下城市向郊区无序蔓延所带来的社会和环境问题的反馈，是以可持续发展为价值取向，以科学管理为手段，有可操作性的管理理念和模式。

（二）日韩模式

亚洲工业化国家城镇化的代表是日本和韩国。

以日本、韩国为代表的亚洲工业化国家的城镇化道路被称为“东亚模式”。东亚城市化速度较快。由于后发优势的原因，中小企业得到充分发展，在较短时间内实现了工业化，而且失业率较低，人民生活较快实现了富裕，收入分配较为公平，工业化和城镇化协调性较好，共同成就了“东亚奇迹”。

日本在资源极度匮乏的条件下，为了实现跨越式的经济发展，选择走集中型城镇化道路。日本城镇化进程的主要特征是以大城市为核心的空间集聚模式，以获得资源配置的集聚效益，实现跨越式的经济腾飞。伴随着城市不断扩展和城乡人口流动和转移，日本及时进行町（镇）村合并（其中1950～1955年村的数量由8357个锐减至2506个，减少了70%），取得了良好的效果。

与其他发达国家相比，日本政府对于城镇化的引导作用是比较显著的，但政府的区域发展政策的成效有限，东京等大都市圈人口和经济活动的“极化”现象越来越显著。进入21世纪，为应对经济全球化的发展形势，日本政府开始强调更具国际竞争力的区域发展政策。

作为新兴工业国，韩国的经济腾飞也伴随着以首都圈为核心的空间高度集聚的城镇化进程，政府的公共政策发挥了十分重要的作用。1961～1993年，韩国政府对农地占有和流转进行了一系列的修改，鼓励进城的农民流转土地，以利于土地的规模经营。1994～1997年，政府进一步放宽对土地买卖和租赁的限制。在农业振兴区内鼓励农户有更大规模的土地，并允许成立拥有土地上限为100公顷的农业法人。对愿意将农地出售和出租（5年以上）给农业大户的65岁以上的农民，政府给予补贴。

韩国在城镇化进程中，韩国政府看到了小农经济与农业现代化规模经营的矛盾及大量农村人口持续向城市转移，于是政府逐步退出农民的生活保障，代之以现代的社会保障。同时，鼓励农民流转土地给种粮大户，以实现农民进城。

在工业化和城镇化的初期，韩国政府曾忽视了农村发展，导致城乡差距不断扩大。后来政府将农村发展列入国家战略，开展了声势浩大的“新农村建设”，在工业化和城镇化过程中同步推进农村现代化。这不仅是要提高农村的物质生活水平，更是一场社会教育运动，以“勤勉、自助、合作”的国民精神来启发和唤醒农民。到20世纪90年代初期，韩国已经大大缩小了城乡之间的发展差距。

韩国的“新农村建设”并不意味着农村人口不向城市流动了，而是农村道路建设和农村教育发展后，中青年更多地向城市迁移。韩国进城的农民可以通过出售和出租自己的农地，包括宅基地，用其收入购买城市中的住宅。同时韩国的农民土地出租和买卖等财产性收入比较大，而且韩国农民收入增长速度较快，劳动在GDP中的分配比重较高，使迁移到城市中的新市民有购买住宅的能力。政府所做的工作是：增加住宅的供应，控制土地和住宅的价格，打击土地和住宅投机，并供应保障性住房。

韩国城镇化的主要问题是首尔和首都圈的过度集聚发展。为了应对经济全球化的挑战和改善区域发展的不均衡状态，韩国政府的区域发展政策开始实施地方都市圈战略，以形成能够抗衡首都圈的经济规模。

（三）拉美模式

拉美国家是“过度城镇化”的典型代表，即城镇化水平远远超出了经济发展水平，从而引发了经济和社会问题。在城镇化进程中，拉美各国政府过于强调市场机制而排斥政府作用，奉行土地私有制，加剧了农村的土地兼并，迫使大量农民破产而涌入城市。“过度城镇化”导致出现大量的城市失业群体，带来贫民窟增加和犯罪率上升等社会问题。

在经济全球化日益加剧的背景下，“进口替代”和重点发展大企业而忽视小企业的经济发展战略使拉美国家失去了国内消费市场健康发展的机会，而且导致城市中就业困难，失业率很高，贫富差距较大。虽然政府不惜“赤字搞福利”，但没有雄厚的生产力做后盾的结果是严重的财政危机和金融危机。后进入城市的居民中，有相当数量的人的居住问题是通过贫民窟解决的。20 世纪 80 ~ 90 年代，许多拉美国家陷入持续的经济衰退和债务危机，城市问题也越来越严重，这 20 年被称为“失去的 20 年”。

（四）印度模式

以印度为代表的南亚国家城镇化的基本特征是人口爆炸，由此导致大都市及其周边的城镇和村落形成连绵不断的空间集聚。尽管在空间上具有城市的形态特征，但在经济、社会和制度等方面都显现出乡村的特征。由于经济发展速度无法支撑人口爆炸带来的各种压力，南亚国家的城乡连绵区域普遍存在就业岗位不足、基础设施落后、公共设施匮乏和生活环境恶化等问题。

从城市化来看，印度农村人口向城市转移的速度比中国要慢，城市化水平目前也只有30%多一些。农村和农业中剩余劳动力数量很大，实际失业率较高。由于进口替代战略不成功，大小企业发育和发展都缓慢，使印度国力不强，人民也不富裕，基尼系数较高。同时印度大量从农村向城市转移的人口中，占城市人口的30%到40%是由贫民窟解决其居住，其人口从农村向城市迁移的成本门槛很低。

（五）中国模式

当代中国的城镇化也毫无疑问地应当被载入史册，成为世界城镇化的一大模式。新中国成立以来尤其是改革以来的城镇化，速度之快，规模之大，成就之突出，同时问题之多，都举世瞩目。中国城镇化模式是本书的重要内容，后面将有详细阐述。

三、城镇化的一般规律

（一）城镇化发展包括初期、加速和成熟三个阶段

当城镇化率超过10%以后，国家进入城镇化初期阶段，城镇人口增长较慢；当城镇化率超过30%以后，国家进入城镇化加速阶段，城镇化进程逐渐加快；当城镇化率超过70%以后，国家进入城镇化成熟阶段，城镇化速度趋缓或停滞。

（二）城镇化与工业化发展密切相关

城镇化与工业化的关系有三种：一是同步城镇化，如美、日、欧等发达国家；二是超前城镇化，如巴西、阿根廷等拉美国家；三是滞后城镇化，如受二元制度影响的中国。实践表明，城镇化与工业化同步协调发展是最优模式。当城镇化率超过50%后，工业增加值比重仍会继续增长但比较缓慢，城镇就业劳动力和农业转移劳动力更多靠服务业吸纳；当城镇化率超过70%后，工业增加值比重也开始增长缓慢甚至下降。

（三）城镇化发展呈现大城市优先增长的特征

1970～2011年，全球100万以上城市人口占总人口的比例提高了10.1个百分点，其中1000万以上城市人口比例提高了7个百分点；而50万以下城市人口比例下降了10.7个百分点。随着城镇化发展，一方面，城市群已成为发达国家城镇化的主体形态；另一方面，许多发达国家城市呈现出“集中—分散—再集中”的趋势，经历了城镇化、逆城镇化和再城镇化的过程。

表1.1　全球居住在不同规模城镇地区的人口及分布比例

城镇地区居民人口规模	人口（百万人）		分布比例（%）	
	1970年	2011年	1970年	2011年
1000万人及以上	39	359	2.9	9.9
500万～1000万人	109	283	8.0	7.8
100万～500万人	244	775	18.0	21.3
50万～100万人	128	365	9.5	10.1
50万人以下	833	1850	61.6	50.9
合计	1353	3632	100.0	100.0

数据来源：联合国《世界城市化展望》（2011年修正版）。

（四）城镇化与社会发展水平正相关

研究表明，人类发展指数与城镇化率之间存在显著的正相关性，2005年城镇化率超过60%的77个国家中，75个国家人类发展水平高于0.7（中等偏上水平）。从长期来看，城镇化有助于缩小城乡差距。

（五）城镇化过程是城市文明加速普及的过程

从发达国家城市化和城市文明普及率之间的发展经验来看，当城镇化率低于30%时，城市文明普及率在30%以内，城市辐射能力较弱，城市文明限于城市人口享受；城镇化率超过50%时，城市文明普及率达到70%以上，这个阶段是城市辐射力最强的时期；当城市化水平超过70%时，城市文明普及率达到90%以上，甚至100%，人民可以享受到绝大部分甚至全部的城市文明。

四、城镇化的未来趋势

（一）世界城镇人口将持续较快增长

据联合国《世界城市化展望》（2011年修正版）预测，2011～2050年，世界城镇人口将从36.3亿人增加到62.5亿人，城镇化率将从51.99%提高到67.13%。新增城镇人口将主要集中在欠发达地区的城镇，特别是亚洲和非洲。

（二）人口向大城市集中的趋势仍将持续

根据联合国《世界城市展望》（2011年修正版）和相关估算，与2011年相比，预计2025年50万以下城市人口的比重将下降8.5个百分点，100万以上城市人口将提高7.6个百分点，而1000万及以上城市人口将提高3.7个百分点，全球人口超过1000万的城市数量将达到37个，亚洲将达到22个。

（三）城市群将成为城镇化发展的主体形态

城市群因具有更强的集聚能力、更大的经济规模和更高的空间效率，将是未来城镇化发展的主体形态。随着世界经济增长重心向亚太地区转移，中国正成为世界经济发展的新增长极，新的世界级城市群的崛起很有可能发生在中国。

（四）各国将更加关注人口空间布局的优化

据联合国调查，2009年世界上83%的国家关注人口分布格局，其中58%的欠发达国家和29%的较发达国家都希望对其人口分布格局进行大幅调整。各国政府对人口分布格局的高度关注，决定了可能有很多国家采取影响和调整人口分布格局的政策。

（五）创新、绿色、智慧、人文城市建设将成为世界城市发展潮流

面对城镇化进程中的产业支撑乏力、资源短缺、环境破坏、社会矛盾多发等问题，世界各国更加注重城市内涵品质的提升，通过创新城市建设激发活力，通过绿色城市建设提高可持续能力，通过智慧城市建设提升竞争力，通过人文城市建设增强魅力，将成为引领未来城市发展的潮流。

第三节　明察现状看问题

城镇化带来的问题，很长时间以来都是社会舆论的热点。各大新闻门户网站都开设有城市频道和城市论坛，争论热度持续不退且时有火爆场面。要正确发现我国城镇化的现状特征，须从问题和成就两个方面看。客观地说，我国城镇化不论是规模、速度还是特殊性，都堪称是世界的奇迹。与世界各国城镇化相比，我国城镇化呈现以下特征：

一、以外延型城镇化为主

根据《中国统计年鉴》数据显示，2012 年末，我国（不包括香港、澳门特别行政区及台湾地区）总人口数 135404 万人，城镇人口 71182 万人，城镇化率达到 52.57%。城镇化总体上有了大幅度提升，由 2000 年的 36.22% 上升至 2010 年的 49.95%，近两年又突破 50% 的水平，十二年来共增长了 16.35 个百分点，年均增长率 1.36%，高于 1980 ~ 1990 年 0.68% 的增长率和 1990 ~ 2000 年 0.98% 的增长率。城镇化总体处于快速稳步上升阶段，预计未来将大体保持每年 1% 的增长速度。从官方公布的

统计数字来看，近年来我国城镇化成果主要体现在规模和速度的指标上，而体现质量的指标较少，如基尼系数、流动人口转化为常住人口的年比例、非户籍常住人口转化为户籍人口比例等，各地政府均未统计，更未主动跟踪并采取政策措施加以调控。

二、城镇化发展不协调

一是工业化与城镇化不完全同步。城镇化是工业化发展到一定阶段的必然结果，工业化通过拉动就业、增加收入、改变土地形态等方式影响城镇化，两者具有极强的关联性。很长一段时间内，中国的城镇化远远滞后于工业化。近些年，各大中城市加大工业园区建设，注重产业发展，工业化率与城镇化率差距在逐渐缩小，最新数据显示，2011 年全国城镇化率为 51.27%，工业化率为 46.8%，两者之差在 5% 以内，小于 1990 年 10.3 个百分点的差距。城镇化的滞后对工业化的影响主要体现在质量上。由于城镇化存在很多非理性、体制性、历史遗留问题等阻碍因素，一定程度上影响了新型工业化的顺利转型推进。

二是城镇体系结构失衡。改革开放以来，我国城镇体系日益完善，初步形成了“655 + 20000”（城市和建制镇）的框架体系及辽中、京津冀北、长三角、珠三角四个成熟的城镇群的格局。从城镇化成果质量来看，大中城市普遍较好，小城镇发展长期乏力。自 20 世纪 90 年代初以来，国家提倡发展的小城镇始终没有达到理想的发展速度和实现理想的效果。从我国城镇化的形态看，不同规模和层级的城市发展不协调。多数的城市群，如环渤海、珠江三角洲、长三角三大城市群的经济实力比较强，但就全国整体来讲，大多数中小城市还处于城镇化的初级发展阶段，吸纳人口能力还不足，还有很大的发展潜力。现如今，中国不乏人口数量超过 500 万的大城市，然而这些城市普遍面临较为严重的“城市病”问题；众多的建制镇和集镇规模太小，发展动力不足；中间规模的城镇数量缺乏。人口从农村向城市转移缺乏必要的过渡环节，城镇规模和层级发展不协调。

三是城镇格局东西失衡。从宏观空间看，我国城镇空间合理布局的“大分散、小集中”格局正在形成，表现为与我国地理环境资源基本相协调的东密、中散、西稀的总体态势。我国东部、中部、西部区域城镇化的发展水平是很不平衡的。中部地区城镇化水平还明显偏低，城镇化发展比较滞后。这在一定程度上拉大了区域之间的发展差距。城镇的空间布局与资源环境承载能力不相适应的问题越来越突出，例如，655 个城市中现在有近 400 个城市缺水，缺水城市中约 200 个城市严重缺水。现在国家正在进行的南水北调、西气东输工程，实际是针对城市的经济、人口、资源环境不相适应、不相匹配的情况，实现能源和资源大规模、长距离地调运。

三、城乡二元特征突出

改革开放以来，为了推进城镇化，我国在户籍制度、劳动就业制度、社会保障制度、教育制度等方面进行了一系列变革，但阻碍城镇化发展的城乡分割政策壁垒还没有被完全打破。首先，长期以来，我国人为地将全体公民划分为农村户口和城市户口，形成了我国特有的城乡分割的二元体制，严重阻碍了城镇化的发展。其次，我国在城市和农村实行不同的土地政策。农村实行家庭联产承包责任制，土地归集体所有，具有本地户籍的农民才有使用权，且农户不能将土地自由转让，农民的土地权益无法得到实现。最后，如今的社会保障政策不能完全覆盖农村，农村居民的养老、医疗、失业等保障体系尚未完全建立起来。

四、人口流动量大、面广

流动人口是农村人口城镇化的先锋队。在很大程度上，城镇化就是农村人口转化为流动人口，再进一步转化为城镇常住人口的过程。正是大规模的流动人口维持着城镇化的快速推进。伴随着户籍管制的放松和农村剩余劳动力的大量产生，我国人口迁移呈现出量大、面广的特点。据国家卫生和计划生育委员会，2012 年我国流动人口总量达 2.36 亿，占全国总人口的 17%。现在的流动人口与改革开放初期的流动人口不同，他们以“80 后”为主体，迁入城市后长期居住，基本不会再回到原籍。然而，由于户籍制度、土地制度的限制，他们并没有融入城市，因此，城镇化本应带来的预期发展红利并没有出现，反而因长期处于流动、半流动状态而产生大量的社会不稳定因素。另外，根据民政部的数据显示，2012 年这些以非完整家庭为单位的流动人口造成了 2500 多万名留守儿童和 4000 万名老人。全国老龄办发布的《农村空巢、类空巢家庭老人状况调查报告》表明，2009 年农村的空巢老人比例已高达 48.9%。在我国，家庭作为社会的细胞具有不可替代的地位。家庭在人口大规模流动中被解体是一个严重的社会问题，是影响城镇化成果巩固的重要制约因素。

第四节 百家争鸣找方向

一、城镇化研究的主要流派

（一）地理学派

胡序威、顾朝林、崔功豪、姚士谋、周一星、许学强等地理学家侧重于研究城市密集区的发展及其与区域发展的空间关系，主要研究了城市及城市密集区发展的宏观区域背景、形成机制、空间结构、演化机理等。郭焕成等专家学者侧重于农村经济、乡村工业等对小城镇发展影响研究。郑弘毅等主要研究了农村城镇化理论、基本特征、指标体系以及农村经济发展、乡村工业化等农村城镇化动力机制。

（二）经济学派

林毅夫认为，中国由来已久的城市发展水平和城乡隔离政策都是“重工业优先发展战略”造成的后果，要提高中国城市发展水平，必须从根本原因着手，放弃在资金稀缺的条件下进行在资本密集产业上的赶超，根据中国要素禀赋结构的特征，按照比较优势原则，只有大力发展劳动密集型产业，才能扩大非农就业机会，促进农业人口比重下降，在促进城市发展的同时，不能忽视中国农村的现代化，在当前通货紧缩势头尚未减缓的形势下，采用积极的财政政策刺激总需求对启动当前经济十分必要。但财政政策必须要用在能够“四两拨千斤”的地方才能真正启动市场。农村道路、电网、自来水建设是中国当前形势下最能产生这种效果的地方。杨云彦等认为，乡村工业的发展，不仅形成新的工业化动力，同时在很大程度上形成新的城镇化模式；李青、陶阳提出，国家政策和经济体制对工业化和城市化相关性影响甚大，改革开放后城市化和工业化水平的变动与区域经济格局十分一致，城市面临着进一步发展以适应全面工业化和国家现代化的要求；王振亮从发展经济学出发，从农业剩余劳动力转移、乡镇企业发展与产业结构变迁等方面，阐述了乡镇工业化是我国城市化的重要支柱与力量；黄树强、曾梓益从企业、家庭的角度进行分析，认为经济因素决定了乡镇企业和家庭的布局是分散的，是阻碍城市化进程的决定性因素等。

（三）环境学派

周复多提出：应保持适宜的城市化速度和城市化的有序性，衡量城市发展与城市化水平不仅要有经济指标，还要有社会指标，要保护和发展城市——区域良好的生态环境，走可持续发展的城市化道路的关键是提高人的素质。吴未等人提出：城市是人类生存和生活的物质载体，为了创造城市可持续发展环境，应转变传统规划思想，承认城市规模极限的存在，实现从“功能规划”到“效能规划”的转变等。

（四）生态学派

以钱学森老先生为代表的生态学派，于20世纪90年代初期提出“山水城市”园林艺术、“城市山水”绘画艺术、环境艺术、建筑艺术及至城市艺术，并提出“发扬光大祖国传统园林，把一个现代化城市建成一座大园林。整个城市是‘山水城市’”。“山水城市是我国传统园林思想与整个城市结合起来。”① 另外，王铎、王诗鸿等认为，山水城市是一个开放体系、多元模式，涵盖“生态城市”、“园林城市”，并从古今中外各文化层次论述了“山水城市”；梁鹤年提出，生态食物链中的分界线给予城市规划的启示——城市规划的战略方向应该是开阔城市生产生活的“稳定领域”，应该是加强城市模式和组织的应变能力；程春满将传统城市化的机理归纳为产业理念，从可持续发展的角度看城市化的新取向——从产业理念转向生态思维，其核心就是批判传统的、唯（当代、短期或眼前的）利（益）是图的、线性产业布局的城市化，而运用生态学原理，以可持续发展为目标，以生态工程为手段，构筑新的、时间空间上平衡发展的、网络式产业布局的、生态环境友好的城市化观等。

二、城镇化研究的主要分歧

（一）以大城市为主还是小城镇为主？

20世纪90年代初，国家便提出以小城镇为重点（即“小派”）的城镇化

① 鲍世行，顾孟潮．杰出科学家钱学森论城市学与山水城市［M］．中国建筑工业出版社，1996.

战略，主要是基于大城市的管理难度高，“大城市病”已经开始显现等原因。但随后的发展一直与中央的初衷背道而驰，城镇化沿着以大中城市为主的方向一路狂奔，且大中城市与小城镇的发展水平差距越来越大。于是，虽然提倡以小城镇为重点的声音仍在坚持，但是以大中城市为主的“大派”也日益坚挺，与“小派”形成相持不下的局面，甚至常占据优势。

但“大派”内部也有分歧。比如有人主张“大都市圈战略”，借助城市群的辐射力带动周边；也有人认为，100万~400万人口的大城市，最符合规模经济原则，应该以它为重心。

“小”派的意见也不统一。优先发展人口低于30万的中小城市，是一种主张；以县级城镇为重点，也获得相当多的拥护；还有人觉得，城镇化就该尽量贴近农村，把重心放在县以下的镇。

（二）户籍改革优先，还是土地改革优先？

在通过改革红利推进城镇化的共识下，呼声最高的两项改革分别是针对户籍制度和土地制度的改革。以哪个为主，这是一个分歧。

主张优先推动户籍改革的人的理由是：过去的城镇化过程中，农民难以留在城市。一个重要的原因是，没有城市户口，使得他们难以享受各种“福利”，如社会保障、子女入学。在许多人看来，破除户籍藩篱，消灭户口背后的“福利歧视”，是“人”的城镇化的要求。

主张优先推动土地制度改革的人的理由是：城镇化的过程，也是农民土地被占用的过程。在当前土地制度下，农地先被政府低价征收，再高价出售。转手之间，政府赚取了巨额收益，农民却所得无几。更重要的是，政府不断征地，城镇朝着“摊大饼”的粗放型方向发展，客观上造成了土地资源的浪费。“土地是农民最大的财富。如果在土地流转的过程中，让农民享受更多的增值收益，那么他们就有了一笔进城的安家费。即使一时半会找不到工作，也不至于流离失所。”在中国人民大学农业与农村发展学院教授郑风田看来，这更符合“人”的城镇化的要求。

（三）土地被允许自由交易还是不允许自由交易？

在主张推动土地制度改革的观点内部，又存在是否允许农民将土地自由上市买卖的争论。让农民享受更多的土地增值收益，这是当下各方对城镇化过程中土地制度改革的共识。但涉及具体路径，各方却存在激烈的争执。争议的焦点是是否允许农民将土地自由上市买卖。针对这一问题，形成了观点不同的派别。他们根据各自理论，最终得出了对“城镇化向何处走”差异极大的认识。

经济学家周其仁认为，土地自由交易有诸多好处：一方面是富裕农民，为农民提供入城落户的资金；另一方面是减少了政府的盘剥，同时在自由竞争的状态下，建设用地的价格会大降，这可以使城镇化的用地成本降低。

贺雪峰对此表示反对。从现在起 20 年后，中国城镇化高速发展期结束，也不过大约一亿名农民的土地被占用。如果土地自由交易，他们会暴富，但这一亿人属于大城市、沿海城市近郊农民，如今他们已经富裕起来了，“为什么还要让他们富上加富呢？这不公平。”贺雪峰所指的“不公平”，是对剩下的那几亿中国农民而言的。因为远离城市，他们的土地永远也没有出售的机会，“他们才是最弱势的，在打着‘富裕农民’旗号的土地自由交易过程中，他们得不到任何好处。相反，土地自由交易，会使地方政府失去主要财源，再无力进行城镇基础设施建设。那时，这些弱势农民入城打工，抢不过城里人，只有去住贫民窟的份”。

针对贺雪峰的诘问，周其仁提出用土地交易税均贫富。两人持续数年的舌战，成为理论界一道别样景观。

（四）城镇化依靠内生力量还是外力？

著名学者秦晖和温铁军在土地自由交易的有害性方面观点相近，都认为土地自由交易会导致土地兼并，出现大量无地农民，但在两人对城镇化所应借助的力量来源上呈现出截然相反的观点。

秦晖对温州苍南龙港村——一座几乎全由农民集资兴建的城市赞誉有加。他认为，城镇应该依靠内生力量发展，他反对依赖国家投资推动城镇化。反对的理由被许多人复述过：城镇化的发展重心，是落后的小城镇，往那儿投资，投入产出完全不合理。以城镇化的工程规模之大，那种浪费及引发的连锁反应，将是灾难性的。

“如果你简单计算城镇化的基本建设投资，不会有所谓投入产出合理的可能。但是如果你的基础建设上不去，你怎么可能集中人口?”在表达了反对意见后，温铁军提醒人们，中国被“经济效益衡量一切”的理论统治多年后，已经出现了严重的生产过剩危机，“用国家投资的方式，把过剩导向农村、小城镇，化‘危’为‘机’，才是正宗合理的”。

三、城镇化研究的主要共识

（一）关于城镇化对象的共识：要“人”的城镇化，不要“地”的城镇化

“人”的城镇化被国务院总理李克强视为城镇化的核心。按他的理解，过去，城镇在发展过程中不断征占农村土地，却没有给农民提供在城镇安居乐业的机会，这被称为“地”的城镇化。“人”的城镇化，即是针对这个现象提出来的，它要求改变“要地不要人”的方式，让农民能留在城镇。

（二）关于产业支撑的共识：有产业支撑的城镇化

华中科技大学乡村治理研究中心研究员郭亮认为：“城镇得有产业，为农民提供工作机会，他才能够穿衣吃饭买房子，安居乐业。”

（三）关于城镇化动力的共识：以改革红利为主要推动力

我国新时期的快速城镇化进程和改革开放是分不开的。1984 年，中央决定将改革重点从农村转移到城市。从此，城镇化开始加速。此一阶段城镇化

的快速发展除了工业化的推动作用以外，改革红利是最大的助推力量。但城镇化进展到目前这个阶段，改革已经进入深水区。用习近平总书记的话说，比较容易的、皆大欢喜的改革措施都已经用尽了，接下来的改革必将进入攻坚阶段。新型城镇化的潜力也正蕴藏在新一轮的改革措施中。

按照一般规律，城镇首先得完成资本的原始积累，才有发展产业的可能。历史经验表明，城镇聚集资本的主要途径，往往有这么几个：

一是在国家调控下，压低农产品和农村劳动力价格，利用剪刀差，收割农村的劳动剩余。

二是像西部大开发中的城镇那样，直接获得国家投资。

三是通过改革，释放自身蕴藏的红利。比如改革开放初，家庭联产承包经营制度的推行，农民获得了土地剩余收益的索取权，使得农产品出现了剩余，为农村集镇贸易的恢复创造了条件。对于“小派”来说，他们认为未来城镇化的重点，是小城镇（市），它们大多欠发达，对资本聚集的渴望尤其强烈。资本也是“小派”的一个软肋。对他们而言，通过收割农村劳动剩余的办法聚集资本，几无可能，也有违城镇化的初衷；借助国家投资，则面临僧多粥少的局面，而且，目前反对利用国家投资推动城镇化的呼声居高不下。

当前主流观点认同第三条道路，通过改革释放制度红利应当是城镇化的主导推动力。

第五节　聚焦内涵展宏图

一、内涵型城镇化是城镇化的必然方向

首先，农产品自给能力决定着我们的城镇不可能无限蔓延下去。在工业

化开始以前的农业社会，城镇人口（非农业人口）比例完全取决于农业生产的余粮率（今天称为粮食商品化率）。也就是说，农业人口生产的粮食中，除了满足自身消费以外，可供给从事非农业的人口的粮食有多少，则城镇人口就允许有多少；余粮率有多高，城镇化率基本上就会有多高。当前，我国农业劳动生产率已经大大提高，粮食产量和主要农产品商品化率也得以提高。一般认为，一个国家或地区的粮食自给率在100%以上，就是完全自给；在95%～100%之间，属于基本自给；在90%～95%之间，是可以接受的粮食安全水平；一旦小于90%，粮食供求的风险就会增大。粮食自给率的意义，对于大国和小国完全不同。对于大国来说，粮食必须达到基本自给的水平。一是因为大国人口众多，一旦大国粮食不能实现自给，则全球农业都受不了。二是大国在政治上必须保持独立，不可能依附于别的国家。在粮食这样的基本生存必需品上依附于别的国家，这个国家也就完全谈不上什么独立性了。日本是经济大国，但之所以不能成为政治大国，国土狭小、粮食不能自给是一个基本的原因。目前，我国的粮食自给率在95%左右，勉强实现粮食安全，在目前的农业劳动生产率水平下，已经没有什么提升的空间。因此，死保18亿亩耕地是无奈选择。要死保18亿亩耕地红线，城镇建设用地就不可能再无限增长。

其次，现有城镇对人口的容纳能力足以满足城镇化完成后的需求。目前，我国城乡建设用地约为24万平方公里，城市人均建设用地已达130多平方米，远远高于发达国家人均82.4平方米和发展中国家人均83.3平方米的水平。我国现有城乡建设用地从总量上来看，已足够16亿人口达到世界发达水平的用地需要。因此，从今以后的相当长时期内，甚至在可预见的最长时期内，我国城镇发展的任务都应当在现有规模存量上做文章，通过提升质量、增加内涵、优化结构、改善管理等方式实现发展，而不能再继续铺摊子，甚至在很多必要的局部地方进行逆城市化，退建还耕。

最后，城市文明的根本优越性体现在其内涵的质的飞跃上。城市文明起源很早，只比农业文明和渔猎文明略晚，是人类各个民族进入文明社会的主要标志之一。在中国，自从城市文明起源时，城市文明就始终领导农业文明，两者并存并保持着相当稳定的主体与非主体、领导与被领导的关系。可以说，城市文明占据领导地位不是依靠数量和规模，占据主体地位仍然不是依靠数量和规模。因为土地是有限的，阳光是有限的，农业的劳动生产率也是有限的，生产方式必定被限制在二维空间内，几乎任何国家都不可能将一半以上的土地用于建造城市，在中国这样的大国更不可能。城市文明的主导地位必定是由其更先进的生产力和更优越的生活方式来体现。

二、何为内涵型城镇化？

内涵型城镇化是相对于外延型城镇化而言的一种城镇化方式，是在维持相对较小的用地规模和较低的空间扩张速度的前提下，以提升发展质量、优化城市产业结构、提高劳动生产率、提升城市功能、改善城镇生活品质、促进社会事业发展等为内容，以促进人的发展为根本目的的城镇化。内涵型城镇化不追求城镇在占地规模上的指标，甚至不刻意追求人口指标，重在质量和内涵，旨在促进人的发展，其最终目标是建成以理想城镇为主体的高度发达的城市文明社会。

内涵型发展是城市文明的本质要义。城市文明是迄今为止人类创造的最高级的综合性文明形态，也是一种比较成熟的文明。与农业文明、游牧文明、渔猎文明、海洋文明等各种文明形态相比，城市文明的历史起源虽然稍晚，但延续的时间却最长；虽然并非一开始就处于主流地位，却自从出现以来就居于领导地位，是各种文明的最集中体现并且是各类文明最杰出领导者。其中一个根本的原因就是，其他各种文明都受土地、海洋等不可增长的自然资源直接制约，比如农业文明要扩大，主要依靠开疆拓土、毁林开荒、开山辟路、凿渠引水；游牧文明更依赖对外掠夺。城市文明是唯一始终以点状发展为基本形态的文明。时至今日，城市文明在很多大城市的发展已挑战技术极限，但仍保持着高度集聚、集约、高端、高效的基本特征。这一特点在越发达的城市文明中体现得越突出。我国当前城镇化出现“摊大饼”、无限圈地、浪费土地的现象，也正是因为对城市内涵化发展的本质缺乏理解和把握，因此这种外延型城镇化之路开始不久就面临着走不下去的困境，是一种不可持续的发展，是不符合城市文明本质和精髓的发展，终将被历史所遗弃。

三、内涵型城镇化的发展任务

一是调整产业发展战略。明确工业、农业、服务业各自的不同任务和空间布局要求，以都市型产业为核心，建立城镇产业体系。要进一步明确都市型产业的发展规律和空间布局特征，使其成为城镇产业的绝对主体。进一步发掘城镇产业集约程度上的潜力，在不扩大占地规模和尽量利用原有城镇发展空间的前提下，以提高质量、优化结构、提升档次、合理分工为主要途径发展产业。处理好城镇产业和农村产业的关系，切实发挥城镇产业在国民经济中的主导作用，同时控制城镇产业和农村产业之间的“剪刀差”，缩小城乡发展差距，推行城乡一体化。

二是通过合理规划优化城镇空间格局。摒弃以盲目圈地为主要特征的外延型城镇化道路，走内生式发展、内涵型发展的道路。大城市要以多中心为基本布局框架，将大城市本身非核心、非必需的中心功能和与其相关的优质资源分离出去。同时大力发展轨道交通，严格限制过多占用道路资源的低效交通方式，如小汽车、公车等，寻找汽车文明与城市文明的最佳结合点，防止汽车文明过度侵蚀城市文明。

三是搞好旧城改造，充分利用已建成城区谋发展。城市发展的常态本应是内生式发展，而不是常年跑马圈地，横向发展。旧城如果持续不断地实现改造和功能更新，就能永葆青春活力。当前，工业化和城镇化快速发展到一个阶段以后，城区留下了大量老工业区、棚户区、城中村、边角地，还有历史遗留的文保区、传统商业区等，如果能够用好，就是一笔笔宝贵的财富，如果用不好，则会进一步演化为贫民窟、鬼城，成为城市的包袱。另外，大量历史遗留下来的小城镇、集市、中心村、历史古村落等居民点，由于长期连续发展，积累了深厚的历史文化和工商业基础，选址合理性经受了历史的长期考验，在城镇化过程中发展成为富有魅力的新型小城镇是完全有可能的，并且它们的某些作用和价值是大城市都代替不了的。

四是大力促进城镇社会发展。城镇化是一场从以农业文明为主导的农业社会向以城市文明为主导的现代社会转型的过程。因此，社会的城镇化是城镇化的本质。内涵型城镇化的内涵也就体现在社会的发展上。社会发展是基于人的发展，人的发展既推动社会发展，又受制于整个社会发展水平。我国在历史上是一个农业文明最发达、农业社会历史最悠久的国家，向以工业文明和城市文明为主导的现代社会转型需要克服更大的惯性阻力，如摆脱宗族社会的束缚，克服从熟人社会转变为陌生社会的不适应，建立公民社会新的共同价值体系，以此为基础建立人与人互相信任的信用体系等。在城镇化过程中，转型最困难、问题最多的也是社会领域，拆迁矛盾、地域歧视、贫富分化、区域差异、既得利益集团和食利阶层日益壮大、人与人信任瓦解、家庭稳定程度下降等社会问题无不像定时炸弹，时刻威胁着城镇化的成果，任何一个问题的无限发展都随时可能将国家拖入动乱的深渊。内涵型城镇化，就是在大量的社会工作方面成就较大、社会问题解决得较好的城镇化。

五是大力促进城市文化发展。我国是文明古国，继承了丰富的文化遗产，但由于传统文化主体上属于农业文明，近现代以来的学术界对传统文化的认识总体上是重视农业文明传统，相对忽视城市文明传统。事实上，经过工业文明脱胎换骨的改造，古代城市文明遗产也已经远远不能满足现代城市的文化需求。城市文化不只是消费品，首先是一个城市的性格、气质和魅力。当年引起热议的“千城一面”问题，实质上是城市个性消失的问题，是一个文化问题，并且是独特文化和核心文化缺失的严重问题。一个城市要有魅力，就要先有实力。实力包括硬软两种。硬实力就是物质和经济上的实力，即物质生产力。软实力就是文化生产力。城市品牌就是城市软实力的集中体现。文化，在城镇化进行到一定阶段以后，开始成为城市上档次、提品质、丰内涵的必然要求。

六是充分重视城镇化进程中的技术因素。按科学技术的历史阶段划分，当前全球正处在第四次新技术革命的浪潮之中，以航天技术为龙头，以信息技术和生物生命技术为主体，智慧城市、物联网、生态城市、花园城市、田园城市等新概念层出不穷。不但城市文明面临着翻天覆地的变革，整个世界格局都可能发生革命性的变化。利用先进的技术，先要有先进的技术理念，用理念指导技术，文化和科技双轮驱动，方能最大程度利用技术为人类造福，从而避免科技滥用甚至被反人类行为利用。内涵型城镇化是技术手段空前丰富的城镇化阶段，同时也是技术风险及威胁空前大的阶段，必须用好技术、用对技术，切实提高城镇化质量，选择最佳的城镇化技术路线。

第二章 内涵型城镇化中的产业发展

第一节 新型工业化是城镇化的加速器

一、工业为城镇生活质量的提升提供基础

城镇生活的本质是脱离了自给食物的一种生活方式，这种生活方式一方面带来了城镇居民的生计维持问题，也就是收入问题，最终落脚在就业上。另一方面，城镇居民衣、食、住、行及精神文化需求都需要相应的方式去满足，而这些生活需求严重依赖工业。

工业的发展为居民提供了基本的收入机会，从而提供了使其具备维持生活基本需求的兑换物；工业的发展给城镇居民带来家电、交通工具、生活娱乐机械设施等物品，为城镇生活质量的提升提供基础。可以说，没有工业，城镇只能处在原始的初级小规模发展阶段，无法形成高楼大厦，也就无法形成大规模人口的聚集，无法满足最基本的居住需求；没有高效的工具，便无法提供大量的熟食、日用品等基本生活必需品，人们在其中也便无法生存，更遑论生活质量的提高。

二、工业化程度与城镇化程度高度相关

（一）工业化带动城镇化

第一，工业化是工业产值或者工业劳动人口所占比重上升的过程。工业劳动人口所占比重的上升，往往来自于农村剩余劳动力的转化，而农村劳动力转化为城镇居民的过程也就是城镇化过程。所以，工业化本身的发展能够带动城镇化的实现。

第二，工业生产过程中对原料、初级产品、服务等的需求，以及被工业吸引来的人口对生活服务业、建筑业等的需求又带动了其他产业的发展，从而农村能够向城镇转移更多的剩余劳动力，进一步促进城镇化发展。

第三，工业化的过程产生大量的社会财富，为建设城镇基础设施，扩大城市规模，容纳更多农村进城人口打下基础，为城镇的可持续发展带来巨大动力。

工业化若滞后于城镇化发展，带来的问题是非常严重的。拉美国家就因此导致过量农村人口进入城市，产生了“城市病”和“过度城市化”现象，在城市中形成了大量的城市贫民窟，收入差距不断扩大，影响着城市的内生增长和社会稳定。

（二）城镇化促进工业化发展

城镇化的发展一方面带来人口的增加，另一方面带来收入和需求的增加，从而带来工业化产品需求量的增加。

城镇化水平的提高，使得人们对生产生活的要求也越来越高。一方面，从基本的居住需求到生态、环保型城镇建设的需求，要求工业向节能、高效、环保、循环经济发展；另一方面，更高的生产生活便利性及个性化需求，要求工业设计和工业产品更加舒适，向个性化方向发展，两方面共同促进工业

化向更高水平发展。

（三）城镇化与工业化正相关

根据国内学者目前对城镇化和工业化关系的研究，工业化的快速发展及工业生产规模的不断扩大，成为我国城镇数量和城镇人口大幅度增加的最基本的因素，工业化的地域差异也成为城镇化发展区域格局形成的主要原因。

工业化带动了城镇化，而城镇化的乘数效应推动了包括工业在内的产业发展，推动着工业规模的扩大和工业结构转变及产业升级。

三、新型工业化力促内涵型城镇化发展

新型工业化是我国十六大报告提出的，指坚持以信息化带动工业化，以工业化促进信息化。新型工业化是科技含量高、经济效益好、资源消耗低、环境污染少、人力资源优势得到充分发挥的工业化，这也是我国工业化与发达国家工业化的显著不同之处。由于技术原因，发达国家是经历了工业和城镇化高度发展的阶段以后，才开始信息化，而我国，基于后发优势，可以实现工业化、信息化、城镇化的共同可持续发展。

第一，信息化带来的不仅仅是信息获取便利性的增加，它更深刻地影响着人们的思维方式，同时在管理、技术方面的影响使得质量更加精细化，信息更加透明化，技术更加容易被获得和破解，大大提升了技术传播速度、创新速度和创新质量。当消费者信息更加容易被厂家获得后，厂商能够生产出更加符合消费习惯的产品。信息和技术远距离传播的实现，使得地球更加平面化，生产要素转移更快，产学研结合得更加密切，前沿技术的可获得性大大增强，催化大量的渐进式创新技术和理论的发展，更容易出现突破性创新。信息化使得生产性服务业，尤其是设计、规划、管理咨询等服务的可获得性

大大增强，促进了定制、柔性生产方式的发展。对提升产业结构，促进产业升级，提高城镇的累积式发展具有巨大的推动作用。

第二，国家对新型工业化“科技含量高、经济效益好、资源消耗低、环境污染少”的要求也就是对产业升级和工业产业结构调整的要求，同时是对内涵型城镇化的要求。内涵型城镇化的发展需要更好的技术理念、更好的技术，更环保、更清洁的生产技术，更生态的空间规划和发展模式。新型工业化在满足这些要求的过程中能够提升城镇工业化水平，促进城镇繁荣，提高城镇环境质量，促进城镇内生式发展。可持续的工业化发展，必将带动城镇的可持续发展。

四、推进新型工业化与内涵型城镇化的协调发展

仅推进工业化而不注重城镇化，发展是难以持续的。以日本为例。日本在早期也是采用以工业为主的政策，但由于其国家小，举全国之力发展工业的政策难以为继，发展过程中只好转变为工业化和城市化同步推进的策略，结果不仅实现了城乡一体发展，更大大提升了国家经济实力，使国家迈入发达国家行列。

内涵型城镇化对新型工业化的促进作用在于：内涵型城镇化的建设要求工业不断升级换代，不断提高生产效率，提高产业升级，带动产业发展。内涵型城镇化的建设，一方面会提供更多、更丰富、技术水平和能力更高的人力资源，另一方面会对工业品产生新的或更高的要求，很多需求会刺激经济效益较高的产业产生。

因此，促进新型城镇化与内涵型城镇化的协调发展，形成两者良性互动和互相促进的发展体系，是两者可持续发展所必需的关系。

第二节　农业现代化是城镇化的基本保障

一、农业在大国战略中永远处于重要地位

大国在世界格局中占据着特殊的地位，拥有着明文规定或事实上的、不同程度的国际事务权力。所谓大国，按照毛泽东在八大预备会议上提到的，指国土面积在300万平方公里以上，资源总量丰富，人口众多。这样的国家当前只有俄罗斯、加拿大、美国、中国、巴西、澳大利亚、印度七个国家。由于经济社会制度不同，对权力资源、利益资源的争夺具有特殊性，大国的发展战略一般要考虑农业、工业、金融业、军事、资源、文化等诸多方面，其中农业是最基本的战略考虑点。

首先，从农业提供的农产品的基本食用功能来看，大国一般人口众多，若不能实现较大的粮食自给率，那世界将无法满足其最基本的需求。中国作为世界上最大的发展中国家，目前拥有13亿人口，约占世界人口的19%，尽管我国粮食总产量居世界第一名，但仍然不能100%自给。假若以我国粮食大约每年消耗3亿吨的数量来看，相当于美国80%的粮食产出率。倘若中国农业不能达到较大的自给率，世界也无法提供满足如此庞大人口的粮食需求，那么，中国公民生存将受到威胁，社会稳定性出现危险，国家政权和国家体系危在旦夕。

世界粮食产量的波动及价格的不稳定，可能会给国家带来毁灭性的影响。例如，从2007年初到2008年中期，《经济学人》上的食品价格指数增长了78%，大豆和米价上涨了130%。这几乎快赶上了油价的暴涨。同时，食物库存大幅度下降。在世界前五大谷物出口国中，［库存/（消费＋出口）］这

一比值从近 10 年平均水平的 15% 下降到现在的 11%。在一些发展中国家，频频出现粮食骚动，基本的社会稳定受到了威胁，甚至美国有些超级市场也一度出现限量购米的现象。

倘若由他国掌握生命的命脉，那大国的地位和权力将受到严重威胁。当前世界处于比较稳定的和平发展时期，但不同意识形态国家之间的斗争和各国之间的利益斗争从来没有停止过，其他国家对我们民族复兴、大国重新崛起的遏制从来没有停止过。我们必须保证生存权掌握在自己的手中，不能依赖任何国家。当前国与国之间的竞争大都集中为以生存权为基础的经济利益之争，倘若我国不能保障人民的最基本生存权利，那必将发生更大的不平等交换。发达国家和发展中国家之间的“剪刀差”可能会变成“断层差”，亦即某发展中国家可能成为某个强国的附属品，或者国家将四分五裂。

从国际责任来讲，大国应该肩负与其经济社会发展水平相协调的责任。作为大国，必须能够实现粮食的自给，在有条件的情况下，应该能够为世界提供更多的余粮，稳固在世界的地位。在实现国内粮食自给的情况下，不管是通过农产品出口，还是通过农业资本、人才等出口，都必须实现农业在全球范围内的影响力。当前，许多国家开始农业输出，第一，能够充分利用世界土地资源，为本国提供更多的产品；第二，可以转移本地基本劳动力，提高居民收入；第三，输出本国管理、技术及文化，提高输入国的农业生产效率，促进当地经济发展，促进国与国之间的交流。农业，成为世界大国“外交”的手段和砝码。

从农业的生态保育功能来看，大国地域面积宽广，其生态调节能力不仅影响本国，也严重影响着全球的生存环境。初期工业化导致的欧洲雾霾污染严重损害了人们的身体健康。2013 年我国发生了史上最严重和范围最广的雾霾，也造成了较大的社会影响和国际影响，为经济社会发展带来了一定的损害。为此，生态环保及空气治理等受到我国各级政府甚至企业前所未有的关注，甚至出现北京市长立下治霾“生死状”的传闻。

所以，不管是从国民生存、生态环境、国际地位、外交筹码以及经济利益考虑，大国都应该将农业放于重要的战略地位。

二、农业劳动生产率决定非农业人口规模

从古至今，非农业人口是需要农村余粮来养活的。所以，非农业人口规模由农业人口产出剩余来决定。而非农业人口的农产品规模又是由农业劳动生产率决定的，所以，农业劳动生产率决定非农业人口规模。

在我国工业化初期阶段，为扶持工业的发展，国家刻意压低农业产品价格，将农业部门劳动剩余转化为集中的工业投资。正是在生产效率不断提高的前提下，农业为我国工业化的发展提供了大量的基础资金，促进了工业化的发展，从而促进了以工业化为前提初步聚集的城镇人口，但由此也造成了我国典型的二元经济结构。随着农业劳动生产效率的进一步提高，二元经济结构下，农村的低收入问题和拥有大量剩余劳动力成为我国城镇常住人口迅速增加的最大动因，迅速提高了城镇化率。

随着我国人口红利的消失，未来我国从土地耕种中摆脱出来进入城镇生活工作的农业人口数量，取决于农村劳动生产率的提高程度。而我国可进行大规模农业产业化的地区较少，未来农业劳动生产率的提高成为一个很大的问题。

三、农业现代化是内涵型城镇化的物质前提

农业现代化是传统农业向现代农业转化的过程和手段，是传统农业运用现代工业、现代科技和管理方法武装起来，居于世界先进水平的转化过程，其标志是农产品优质，农业优质，绿色生态体系完善。与传统农业相比，农

业现代化能够实现较高的经济效益、社会效益和生态效益。

从满足内涵型发展的城镇基本需求看，高效的现代化农业能够提供更丰富、数量更多的优质产品。食品安全问题从根本上说是当前我国优质食品难以满足社会需要造成的，只有发展高效现代农业，提供能够满足社会需要的产品，才能从源头上杜绝食品安全问题。发展高效农业才能解决城镇化过程中造成的优质食品短缺问题，才能解决城镇化过程中的食品安全这一经济问题和社会问题。而城镇化的发展，不断对现代农业提出更新、更高的要求，尤其是郊区农业，因其紧邻城镇，其结构就需要随着城市功能定位的改变而改变。随着城镇需求的不断提升，城镇居民对郊区农产品的需求呈现多元化发展趋势，所以郊区农业的发展越来越呈现多样性，比如观光休闲农业，更加注重提供休闲、娱乐、认知、体验等服务功能，成为市民休闲娱乐和农村文化传播的物质载体。

从内涵型城镇化的持续发展角度看，传统农业活动下形成的当今我国二元经济结构已经开始成为我国内涵型城镇化发展过程中的制约因素。一方面，农村生产效率低下和农民收入水平过低的现状导致我国农村人口红利越来越小，无法形成劳动生产力大军，无法进一步促进内涵型城镇化的发展。与传统农业相比，现代化农业具有较高的生产效率，能够从土地中解放更多的人进入城市。另一方面，目前我国仍有 6 亿多农村人口，这部分人收入低下，无法形成有效的市场需求，越来越成为我国经济发展的制约。而这部分农村人口收入提高，则会产生大量的中高档生活用品、教育、娱乐休闲等需求，对国内经济市场繁荣和内涵型城镇化建设产生巨大的拉动作用；同时能够提高这部分人及他们后代的整体素质和生产率，促进人的发展和经济发展层次的提升，这也是内涵型城镇化的本质之一。

城镇化的形式不仅仅是现有城镇，农村的城镇化发展也可以看作是内涵型城镇化的补充。农民依靠生产效率的提高和优质产品的提供以及观光休闲农业等的发展，实现“农村城镇化”，也可以作为内涵型城镇化的一种形式。此处的“农村城镇化”并不是指农村变得如城镇那样人口密集性聚集，而是指农村的生活水平城镇化。我国地理地势的限制导致农村人口总量不太可能像美国那样减少到极少的程度，未来我国农业人口数量仍然会较多。城镇化的目的是使农民过上富裕的生活，城镇化只是一种手段而不是最终结果。如果农民在自己的出生地就能享受到类似城市公共设施的便利，那何乐而不为？因此，政府可以通过农村城镇化来提高农民收入，缩小城乡差距，甚至可能出现农民生活比城市生活更好的局面。以印度为例，印度独立后实现了粮食基本自给，之后开始实行工业化发展道路，但是造成农业投资率下降，又因土地私有、产业结构等问题造成城镇化水平增长缓慢，社会差距加大，农村发展的落后又使农村没有力量提供大量的资金弥补城镇化建设的资金缺口。直到 1996 年，印度将农业发展提上战略日程，使农业发展获得了较显著的成就，为活跃城乡经济作出了贡献。进入 21 世纪后，印度仍在推进促进农村经济繁荣、大幅提高农村公共基础设施和公共服务数量及质量等政策。在这方面，我国也有很好的例子，如浙江省东南部山区的台州、金华、宁波等地的农村在农村公共事业较快发展的基础上，各乡镇和村集体自主发展形成经济全面繁荣，农民生活富裕，企业、劳动力和专业市场聚集的大好局面。

四、农业现代化助推内涵型城镇化

农业现代化是工业化和城镇化发展的产物和必然结果，同时它又为城镇化奠定稳固的发展基础，提供不竭动力。

农业现代化一方面提高劳动生产效率，使农村释放更多的劳动力，另一方面其农机机械等诸多现代工具和信息技术的应用，为工业发展提供了广阔的市场前景，有利于促进相关产业就业水平及产品结构的提升，有利于促进城镇经济的繁荣和稳定，为城镇劳动生产率的提高和工业产品的供应打下基础。在农业现代化不断升级的过程中，产品结构不断提升，促成产业结构的提升，从而带动城镇经济的增长，进一步带动城镇化的发展。

现代农业是多功能性质的农业，是兼具政治、经济、社会、文化、生态等功能的载体。在当前传统农业越来越难以满足人们的多样化需求的情况下，发展现代农业，有利于满足日益增长的经济、社会、政治、文化、生态等多样化需求，丰富城镇居民的生产及生活，带动精神繁荣。

除了在农村发展农业外，现代农业也开始在城市发展，更具多样性和多功能性，如现在提倡的未来垂直农业设计，将农业搬上城市建筑，同时实现城市办公、农业生产、商务商业、居住、零售、生活、公共活动空间、生态环保示范、别样花园建设、城市生态保护乃至实验区等多项功能。在这方面目前比较知名的案例有：荷兰鹿特丹“城市仙人掌”；丹麦罗多弗雷“空中村庄”；法国巴黎“垂直农场”、“多层城市农场”；新加坡交织住宅复合体；加拿大“空中农场”、温哥华“绿色收获垂直农场”；比利时“蜻蜓垂直农场”、“金字塔农场”、“圆形垂直农场”；美国“纽约绿塔”、“O 形垂直农场”、“城市农业中心”、“推进达拉斯”、“城市农场”，波士顿“生态豆荚”、洛杉矶“峡谷生活合作社”，奥斯汀市“绿色工程”、西雅图“生态实验室”；阿拉伯联合酋长国迪拜“海水利用垂直农场”；韩国设计师 Daekwon Park 的“绿色摩天大楼”；以及中国 MAD 建筑事务所设计的“城市森林塔”。

五、新型工业化、农业现代化和内涵型城镇化协同发展

就如大家所认同的，没有工业化，农业现代化就缺乏先进的生产技术和现代管理手段，工业化与城镇化可以带动和装备农业现代化；城镇化和农业现代化是工业化的有效载体和厚实的基础；农业现代化为工业化、城镇化提供支撑和保障。农业现代化如果跟不上工业化和城镇化发展步伐，将会导致工业化与城镇化发展受阻，影响整个现代化建设进程；城镇化发展受阻又进

一步阻碍农业现代化的实现和工业化的提升。因此，三者是相互制约、协同发展的。要实现经济的繁荣、国力的增强、社会及民族自信心的提高，必须实现三者的良性循环发展。

第三节　不断强化都市型产业业态特征

一、城市、郊区、农村产业分工与一体化协调发展

改革开放以前，城、郊、乡产业的分层较明确，城市一般以工厂和商业商务服务业为主，郊区与农村的产业基本都以农业为主。改革开放以后，随着社会经济的发展，城乡融合程度的加深，建设用地的稀缺性增强，以及生态环保要求的提高，工业渐渐从城市向外转移。随着城市功能的强化，城市越来越趋向于发展商业商务服务业和污水处理等基本生活设施工业及部分无污染工业，与市区具有一定距离的工业园区发展工业，市郊和农村综合发展工业和农业。

城郊产业一般具有较发达的农业生产体系，具有农村经济的景观和特色。同一般农村比，城郊有较发达的第二产业和第三产业。由于城镇化的发展，城郊的生产条件、技术水平和工作生活方式等正在接近现代城市。由于临近城市，城郊能够比农村更方便地采用现代技术，更快实现农业现代化，并起到示范作用。而农村产业作为城市的有力支撑，是以农业和生态资源为基础或与其紧密配套或发展与其紧密关联的延伸产业，主要如大宗农产品种植业、畜牧业、养殖业、生态旅游业、乡镇工业等。很多时候，城郊和农村兼具生态涵养功能，存在禁止开发或限制开发的地块。

多种城乡功能的协调运行是城乡一体化发展的直接原因，这些城乡功能

包括食物、水、生态涵养等功能，也包括日用品、生产、社会运行服务等功能，涵盖了生产、生活两个方面，是农业、工业、服务业以及社会事业等多种功能的统一实现。城乡的工、农、服务业产业是为“人”服务的综合系统，缺一不可；而城市、城郊及农村产业只有一体化协调发展，才能形成结构合理、就业稳定、各产业均衡发展的局面，促进内涵型城镇化的发展。

二、做精做优城区产业

在城市发展的早期，工业位于城区甚至城区中心，甚至很多城市依托于工厂兴建起来。但随着经济社会的发展，城区地租上涨，同时受规划理念、环境保护意识崛起的影响，政府部门对于城区建厂设定了越来越多的限制，及至当前，城市工业区一般都没有设置于城区中。很多城市的工业经过多次搬迁，逐渐迁出了城区。而后发展起来的小城市及城镇的建设受先进的规划理念、执政理念、环境法治等的影响以及对经济效益的衡量，基本形成了城区不发展工业的观念，从而形成了城区型产业主要以室内小型生产或服务为主的发展思路。

城区中保存下来的工业主要是符合城市功能、以服务设计为主的工业，如印刷包装业、珠宝业、食品加工业、钟表加工业以及电子工业等，而随着城区土地费用的增加和政府部门对加工污染的进一步控制，电子加工和大规模印刷包装业、大规模食品加工业也慢慢在向非城区转移，留下的是小型印刷厂、缝纫工业、工艺品制造等产业。

随着交通便利性的增加和大型购物场所需求的增加，零售商业及与其相关的批发业出现向城区外围发展的趋势，生产性服务业的份额进一步增大，包括产品设计，广告宣传，媒体服务，法律、金融、会计、审计服务，公关活动，市场营销服务等。中心城区向生产性服务中心、管理中心和信息中心的功能转变，成为推动社会生产力发展，提高产品质量，促进产品多样化个性化发展，提升产业结构，推动产业升级的主要动力。以大城市的CBD和金融街为例，这些地区总部经济发达，金融功能强大，大多处于所辐射区域的产业链高端环节，是高端人才的聚集区、产业决策区、创意设计区和资金汇集区。

除此之外，有一类必须存在的产业是服务于居民生活的生活服务业，如商品街、饮食街、休闲娱乐区等。随着城区产业的变化和消费人群的增加，生活服务业呈现出多样化、小型体验、高端化、创新性等特点，如品牌服装的旗舰店，个性化美术工艺品屋，DIY服务室等。

城区产业由于聚集了生产性服务等创意设计类的产业，所需人才往往对工作环境有很高的要求，因此促进其发展无疑要在发展理念、城市服务等方面进一步提高。

三、做大做强近郊产业

近郊产业包括室内产业和室外产业。与市区产业相比，占地规模一般比市区产业大，服务业比重减小，集约化程度降低。它们紧密围绕城市，为城市和郊区居民提供就业和服务。

近郊环境质量介于城区和农村之间，土地价值比市区小，适宜发展：①商务休闲产业，如会议中心、体育休闲中心、温泉商务休闲中心等；②都市工业，如农副食品加工业、食品制造业、卷烟工业、印钞工业等；③高新技术产业，主要是指能够在支付较高地租成本的基础上盈利，方便与市区的技术专家联系，及时获得高新技术指导，甚至具有自己的研发部门，具有产业示范作用的产业，如电子、微电子技术产业，生物工程产业等；④都市农业，如奶牛养殖、花果蔬菜种植、分子育种、实验室植物培养等，为城市提供蔬菜、肉、乳、禽、蛋、水产品、果品、花卉等；⑤为上述产业提供服务的产业，如交通运输服务业、金融业、邮电服务业、信息产业、餐饮业以及食品检测业等。

随着城市的扩张，城郊非农业工作机会的增多，土地费用增加，近郊农业应该生产收入较高的品质肉、奶、禽、蛋以及高档水果、花卉等。

四、做特做亮远郊产业

远郊距离市区较远，生态环境较好，土地费用较低。适宜二三类工业、都市工业、都市农业、一般农业的发展，故以二三类工业和农业为主，其中开发区、工业园区是远郊工业的主要发展形势。农业主要是大规模种植和养殖，包括休闲农场、观景农业、生态观光农业等，以及与这些产业相适应的服务，如农家乐、物流业等。

远郊区一方面要承接从城区、近郊转移来的产业，另一方面要发展有利于保护生态环境和发挥生态涵养功能的林果业、草地业、牧业、节水农业以及有自己特色的高效农业。

做好远郊产业，一是尊重自然规律，因地制宜，实现特色化发展，优先发展“名、优、特、新”产品；二是充分利用资源，除了平地可用于耕种、工业化园区发展外，还应该注重山地、坡地、滩涂、水面的发展。如在山区发展核果类，半山区发展特色水果，坡地发展特色种植业，滩涂发展大规模景观种植业及适宜动物养殖业，水面发展养殖和水上娱乐活动等，丰富休闲农业、观光农业的内容。

五、改造转型城镇落后产业

落后产业是指跟不上时代发展，开始成为经济效益低、工作环境差甚至存在环境污染、竞争力弱的产业。这些产业可能在某一段时期是城镇的龙头产业，也可能是在城镇原有基础上发展起来的，具有一定的资金、劳动力、管理人才等资源，具有一定的改造条件和改造价值，能够为未来城镇发展带来巨大财富。

改造转型城镇落后产业的方式有很多，比如提高技术水平，引进新产品、新设备，发展新业务等。

六、提升置换城镇低端产业

低端产业对技术要求不高，在城镇发展的初期阶段，为城镇居民和外来务工人员提供了就业机会，解决了社会发展中的就业和收入问题，成为活跃城镇经济的一个基础。但是随着经济的发展，这些低端产业越来越表现出其弱点：低端产业的利润空间较小，低技术含量使得附加值低，从而难以实现有力竞争；市场门槛低导致竞争无序；对本产业发展和城镇的总体发展促进力度较小。

对低端产业提升或置换的方式包括调整产业结构、走新型工业化道路、推广使用节能减排技术……力促工业企业走上低消耗、低排放、高增长、高效益的科学发展道路。坚持发展循环经济产业，走生态环保发展之路，促进经济的繁荣和发展。对于无法进行相关产业发展的，可以考虑形成新的业态，比如作为一种旅游资源进行开发，或者作为一种事业性普及政策发展。

七、保护创新城镇传统产业

大多数地区的传统产业是基于城镇资源禀赋发展起来的产业，具有很强的根植性和地域适应性，可以说是地区发展的基础，也是当地经济的特色，是当地文化及经济发展的最佳结合点，对地区文化发展及人民生活水平的提高作出了重大的贡献。因此，对待城镇传统产业的态度应该是珍视、保护，积极鼓励其发展壮大。在市场范围扩大的过程中，传统产业不可避免受外界技术、市场等的影响，因此要实现创新性发展。

传统产业发展一般受路径依赖影响较大，其壮大一般靠循环累积效应。市场上的任何风吹草动或者是企业内部的任何一点创新思维，都可能会以蝴蝶效应的形式扩散开来。若蝴蝶效应能正向激发其路径依赖效应，则能激发传统产业不断升级换代，提高产业竞争力和区域竞争力。因此，我们需要保护创新城镇传统产业。

此处的“保护创新”，并非是指地方保护主义，而是指地方要以开明、审慎，鼓励竞争同时又兼保护的形式促进本地传统产业的发展。以温州打火机产业为例。温州打火机产业于 1987 年开始迅速发展，很快成为国际知名的打火机生产基地。但因为当地市场竞争无序，伪劣假冒产品横行，严重影响了当地市场形象，并曾造成 90% 企业出现生存危机。直到地方建立行业协会，加强对产品质量的监督和品牌的保护，才扭转了这一局面。当然，在遭遇国外反垄断调查的时候，行业协会联合企业家们在谈判中取得了重大胜利。这说明，一方面地方政府应该建立良好的市场秩序，另一方面也应该增加对传统产业的支持。比如本地的文化产业、手工艺品等，受经济条件限制出现传承无人情况时，可能还需要政府的财政支持。一般情况下，传统产业的品牌建设是一个大问题，一旦建立了市场认可的品牌，其收入可能会翻好几番，有了基础资金之后，依靠累积效应，辅以良好的经营管理及不断的产品创新，一般能得到较好的发展。

保护创新传统城镇产业，需要秉承生态化发展道路。在我国，不符合环保生态原则的产业已难有立足之地。生态化发展道路是当前产业的发展方向，也是未来产业的发展基本要求，因此生态化发展也应该是保护传统城镇产业继续发展壮大的必然要求。

保护创新传统城镇产业，需要引入信息化建设。第一，信息手段可以作为现代管理提高效率的方法；第二，信息化能够带来海量的知识和信息，有利于企业及时获得市场信息；第三，带来的管理、思维冲击能够根据不同的企业产生不同程度的生产及服务活动创新；第四，信息化加快生产要素的转移，能够促进传统产业向集约发展方式转变。

第四节　稳健发展功能性产业和社会经济

一、协调发展主导产业与功能性产业

主导产业在区域经济中起主导作用，产值占有一定比重，一般采用先进技术，增长率较高，产业关联性强，增长潜力大，对其他产业和区域经济发展具有较强的带动作用。因为具有这些特征，在政府部门的经济规划及具体实施过程中，主导产业是最主要的扶持对象，产业政策和财政收入向其倾斜的力度也很大。

所谓功能性产业，是实现某一项或某几项功能的基础产业，如基础设施建设（物质性基础设施、社会性基础设施和制度性基础设施），能够实现推动和促进技术创新和人力资本投资，维护公平竞争，降低社会交易成本，创造有效率的市场环境的产业，如基础研究产业、基础设施产业、教育产业、医疗产业等。

功能性产业作为基础性服务产业，显然不具备也不能具备主导产业的高附加值和高增长率特征，但是对社会经济发展起着重要的基础作用，有时候甚至是决定性作用。比如，在 20 世纪流行的“要致富先修路”这句口号，就非常生动地体现了这一特点。生活性功能产业诸如交通、邮电、供水电气暖、商业服务、园林绿化、保障性住房等创造便利舒适的生活环境，促成城镇生活目的的实现；生产性功能产业如实现工业园区的“九通一平”、港口

水利、科技研发等能够奠定工业发展基础，创造工业发展平台。

社会性基础设施诸如文化教育、医疗卫生、生态环保、节能减排基础设施等促进社会和谐发展。很多基础建设，尤其是工业园区的基础设施建设成为企业落户的先决条件。而某些基础设施，如生活性基础设施中的市内公园、运动广场、文化广场等能够提高城镇人口的生活舒适度、满足度以及自豪感，提高人民生活的幸福程度，降低社会问题发生率。

功能性产业是城镇产业的基础，更是主导产业的发展基础，其“乘数效应”能够极大地促进产业发展、提高人民生活幸福度及带动城镇的整体繁荣，是一个地区发展潜力的重要体现。它影响着主导产业的带动作用，有时候甚至会成为主导产业发展的开关。

以大连市的软件产业为例。为实现“小而精”的发展战略，大连市将软件产业定位为自己的主导产业，规划建设大连软件园。大连市政府根据实际情况支持民营资本万达集团进行了大连软件园的土地开发、规划建设、招商引资、物业管理、人才招聘及“一站式”客户服务，做好软件园的基础设施与服务产业。大连市政府发挥政府职能作用，协调政策资金和贷款贴息政策，制定产业发展方向，营造产业政策环境，搭建国际招商平台、园区技术开发平台及人才入连平台，为软件产业的发展创造了良好的宏观环境。此外，政府还开办了国内规模最大的民办软件专业大学——东软信息技术学院，鼓励高等院校开设 IT 相关专业 100 多个，并吸引了世界知名软件教育培训机构入驻，形成巨大的人力输送能力。2002 年大连软件园一次性通过了 ISO 9001 质量管理体系认证，成为国内首家从园区开发建设、物业管理到企业服务全业务流程通过该认证的专业机构。同时，得益于大连市政府历年来重视环境质量保护，大连市的生态环境世界闻名，塑造了优美高端的城市品牌形象，为软件产业发展及高端人才引进创造了有利条件。在大连软件园的发展过程中，生活功能性产业及社会事业的良好发展也作出了巨大的贡献。在吸引世界知名软件公司微软公司入驻的过程中，大连市政府在拆迁问题中表现出的高工作效率及无社会纠纷的工作结果让人叹服，成为一张有力的竞争王牌，在关键时刻发挥了重要的作用。最终，得益于大连良好的整体功能性产业基础，大连市在与世界几大城市的竞争中取得成功，世界头号芯片制造商英特尔入驻大连，成为改革开放30年来我国最大的一个单体外商投资企业项目，不仅极大地促进了当地经济的发展，更填补了我国集成电路的空白。之后大连软件园又成功吸引了诸多世界级软件企业入驻，成为软件园建设的典范。

不管是新城镇建设还是内生式城镇发展，都需要功能性产业的建设及发展。内涵型城镇化在发展过程中依靠的是产业不断升级，技术水平不断提高，业态更加丰富，产品更加多样性，生活更加“滋润”，所有这些，都需要技术、人才、制度、规划、设计、平台、基础设施、政府服务等方面的提升。缺少任何一项，都会不同程度地阻碍主导产业的发展，在更大程度上阻碍主导产业带动力的发挥。因此，内涵型城镇化建设需要功能性产业与时俱进，这样才能进一步解放生产力，促进主导型产业的发展，提高主导产业带动经济的能力和扩大带动范围，促进城镇经济更加繁荣。

因此，在社会经济发展过程中，政府应该平衡对功能性产业与主导产业的扶持力度，促进两者的良性互动发展。

二、适度扶持功能性产业

功能性产业一般具有准公共物品的特性，盈利率不高，投资大，成本回收周期长，较难吸引社会资本的自发进入，需要政府部门给予扶持，方能实现其健康发展，实现对社会经济的有效推动作用。如上例中的大连软件园的基础设施建设，虽然由民营企业万达集团进行，但大连市政府在土地、融资、财政支持、社会服务、政府服务以及平台建设，甚至招商等方面，都作出了巨大努力。

扶持发展生产生活服务体系，包括交通网络、教育、科技、培训等，对教育和培训产业提供税收优惠及扶持政策。建设保障性住房体系，有条件地向外来务工人员提供廉租房等。建立科研技术服务平台，实行专家人才引进，“不求所有、但求所用”，促进本地企业的发展。

扶持建立信息服务体系，加强城镇内外、国内外信息联系，推动国内企业服务、技术、管理及社会责任等方面的理念及方法的提升和改进，缩短市场距离，为企业提供专业化的行业信息和市场需求信息，把握经济命脉，及时调整企业发展策略。促进电子商务的发展，方便市民生活，为市民提供更多的产品，也给企业提供更多的销售渠道和了解市场信息的渠道。

推进企业信用评级和个人信用评级建设。企业信用评级体系的完善有利于促进市场机制的完善，创造诚信公平的市场氛围，提高企业合作效率，促进经济加速发展。城镇化的最终目的还是促进“人”的发展，而个人信用评级建设有利于实现全国范围内对公民行为的监督，有效减少社会欺诈、个人违法犯罪以及违背道德等行为的发生，有利于城镇化过程中形成社会的良好风气，促进内涵型城镇化过程中“人”的发展。

三、积极鼓励发展社会经济

社会经济是依托现有社会关系发展起来的、规模较小、尚未产业化或者由特殊机构为特殊人群提供的、很多是未进入国家监管视野或者因为各种困难难以监管的经济行为，如互助经济、福利就业、社区工作、家庭副业等。

最典型的如为陌生人领路获得类似“小费”服务的互助经济。比如，甲在外闲逛，偶遇从外地来、不熟悉路况的路人乙。路人乙正在为找不到目的地发愁，而甲恰好有时间也有能力带领路人乙到达目的地。甲便提十块钱报酬的条件，带领路人乙到达目的地。这个过程产生的价值交换就是社会经济的一个具体实践。这种情况在农村一般不会出现。农村的熟人关系导致大家互助观念高，帮助他人甚至要刻意回避获利行为。但是城镇社会通常是一个陌生人社会，陌生人之间没有了农村公认的“互助义务”，产生的各种活动都可能带有金钱交换的过程，从而带动了大量的社会经济活动产生。

福利就业是另外一种社会经济的表现形式。比如社会上的协管，他们可能是“40后”、“50后”的失业、半失业人群。协管这一工作带给他们的工资待遇并不高，但是能够给他们提供社会归属感，让他们感受到个体存在的价值，使其个人能量得到释放，也因占据了其大量的时间而减少了社会群体无事生非的可能。还有一种福利就业形式是志愿者服务，比如亚运会、奥运会以及北京园博园开放时期有大量的青年志愿者，这部分人获得的金钱数量不多，仅仅是很少的餐费补贴、交通补贴，甚至只提供快餐，但是他们却获得了一个锻炼自我的平台，为将来的发展提供了良好的支撑。

社区工作也可作为社会经济的一部分，美国法律惩罚中的社区劳动和我国的社区矫正工作都属于此类型。社区矫正因其费用明显低于监狱关押人员的改造费用而受到欢迎，如美国判决乱扔垃圾者对公共场所进行清洁，酒后驾车者向学生讲解酒后驾车将构成的犯罪及危害等。根据我国最高人民法院、最高人民检察院、公安部和司法部《关于开展社区矫正试点工作的通知》（司发〔2003〕12号），我国的社区矫正工作是指“符合条件的罪犯置于社区内，由专门的国家机关在相关社会团体和民间组织以及社会志愿者的协助下，在判决、裁定或决定确定的期限内，矫正其犯罪心理和行为恶习，并促进其顺利回归社会的非监禁刑罚执行活动”。我国的社区矫正工作从2003年开始试点实行，目前在形式和内容上都不够丰富，相应的法律依据不够充分，机构设置和管理不够合理，阻碍了社区矫正工作的开展。

作为小规模非产业化社会经济，家庭副业是一项资源集约利用，合作共赢的好方式。比如，有多套房子出租，或者老年人居其中一室将另一室出租给其他人的行为。又如房虫，就是所谓的非正规房地产中介，可能他们有正常的工作，只是在偶尔碰到熟人向外租房同时又碰到有人找房的时候给予介绍，并从租客那里获得一定的小费。

除上述外，特殊机构提供的特殊工作机会等类似的社会经济也是对社会功能的有力补充。如北京顺义儿童村里的孩子有一部分是父母入狱的孩子。这些孩子的父亲或母亲出狱后暂时找不到工作，可以在儿童村提供的工作岗位上生活半年到一年的时间，直到找到工作。也有专门为即将释放或刚刚释放人员提供服务的专门缓冲机构，如美国的“中途之家”。这种社会经济为服刑期满的犯罪人员提供了从监狱到正常社会的过渡场所，缓冲了过渡压力，使其能找到收入较高的工作，大大降低了重复犯罪率。

与产业化的经济相比，社会经济因为规模小、管理成本高、监管难度大等都未列入国家行政管理体系，也未进入国民经济的统计范围。这样难免会给一些不法活动，比如诈骗，提供生存空间。但是，如果将社会经济与产业化的企业经营进行一样的管理，管理成本会非常大。同时，从事社会经济的主体未必是以此为主要经济收入来源的，因此，他们不太可能接受为此去工商管理部门领某个牌照或制作财务报表。所以，社会经济的管理需要探索新的方式方法。一是加强社区自治功能，尤其是加强对社区内的互助经济、家庭副业和社区工作的管理。对这类经济由社区部门进行统计和估算。二是制定相应的法律法规，完善民事法律制度，普及民法知识，使整个社会经济处于法律框架之内，保障就业者的基本合法权益，比如福利就业。三是加强社会道德宣传和志愿者精神宣传，引导社会价值观，倡导社会公平正义，弘扬公民道德精神，促进互助精神的提高。

第三章　内涵型城镇化中的空间规划

第一节　外延型城镇化导致的空间难题

一、“土地资源荒”与空间无节制蔓延的矛盾

（一）中国土地资源的特征

我国国土辽阔，土地资源总量丰富，而且土地利用类型齐全，但是人均土地资源占有量小，而且各类土地所占的比例不尽合理，主要是耕地、林地少，难以利用土地多，后备土地资源不足，人与耕地的矛盾尤为突出。我国土地资源问题主要有以下几点：

第一，绝对数量大、人均占有量少。我国国土面积144亿亩。其中，耕地约20亿亩，约占全国总面积的13.9%；城市、工矿、交通用地12亿亩，占8.3%。中国耕地面积居世界第4位，林地居第8位，草地居第2位，但人均占有量很低。世界人均耕地0.37公顷，中国人均仅0.1公顷，尽管中国已解决了世界1/5人口的温饱问题，但中国非农业用地逐年增加，人均耕地将逐年减少，土地的人口压力尤其是局部大城市的人口压力将越来越大。

第二，类型多样、区域差异显著。中国地跨赤道带、热带、亚热带、暖温带、温带和寒温带，其中亚热带、暖温带、温带合计约占全国土地面积的71.7%，温度条件比较优越。从东到西又可分为湿润地区（占土地面积32.2%）、半湿润地区（占17.8%）、半干旱地区（占19.2%）、干旱地区（占30.8%）。又由于地形条件复杂，山地、高原、丘陵、盆地、平原等各类地形交错分布，形成了复杂多样的土地资源类型，区域差异明显。

第三，难以开发利用和质量不高的土地比例较大。中国有相当一部分土地是难以开发利用的。在全国国土总面积中，沙漠占7.4%，戈壁占5.9%，石质裸岩占4.8%，冰川与永久积雪占0.5%，加上居民点、道路占用的8.3%，全国不能供农林牧业利用的土地占全国土地面积的26.9%。

这些特点导致城镇建设用地极大的稀缺性，造成整体上“土地资源荒”。

（二）建设用地与农用地的“攻守”矛盾

经济增长是带动土地资源利用的主要动力，土地资源的利用必然导致耕地的减少。而土地资源是我国的战略性资源，也是基础性资源，“合理利用土地，保护耕地”是我国的基本国策。这就在利用资源与合理保护资源之间形成了一个矛盾，寻求两者之间的动态平衡是土地权利配置的重要任务。

土地资源利用是社会经济发展的客观要求，没有对土地资源的利用，就不可能促进社会生产力的发展，社会的物质文明也就得不到发展，因此占用、利用农地资源是社会发展的必然要求。土地资源利用的动力来自于如下方面：第一，经济发展速度的要求，即GDP增长率；第二，实现社会财富最大化目标要求，即GDP总量；第三，实现社会的可持续发展目标的要求。上述三个方面是我们利用土地资源的原因所在。

土地资源保护是保持社会经济可持续发展的内在要求，而土地资源的稀缺性是加强土地保护的前提条件。土地资源保护的动力来自于如下方面：第一，保障粮食安全需要；第二，保护耕地资源的需要；第三，实现土地资源优化配置的目标。为此，我们必须合理安排现有资源与未来资源、农用地与非农用地之间的结构比例，使资源得到充分利用。

为了实现土地资源利用与土地资源保护的平衡，必须处理好土地立法中私法性质的《物权法》与公法性质的《土地管理法》之间的关系。以土地集约利用、规模利用、计划利用为手段，实现农用地向非农用地有序流动。

二、城镇化集聚负效应造成“城市病”

“城市病”是城镇化过程中不易避免的集聚负效应，主要表现为人口膨胀、交通拥堵、住房紧张、环境污染、资源紧缺、社会管理落后等。由于迅速推进的城镇化带来城市人口急剧膨胀，城市交通需求与交通供给的矛盾日益突出。城市机动车增长迅速，导致交通压力大并加剧了城市大气污染，成了城市环境质量恶化的主要污染源。

这是因为城镇化的本质之一是人口、产业、资源等的聚集。聚集程度的不断加深容易造成城市资源环境承载力超载。随着城市规模的日益扩大，现代大中城市普遍存在人口增多、用水用电紧张，交通拥堵、环境恶化等社会问题，以及由上述问题引起的城市人群易患的身心疾病。而这些问题和矛盾又在一定程度上制约了城市的发展，加重了政府的负担，使政府陷入了两难困境。

根据世界城市发展的一般历程，城市发展的过程大致可分为四个阶段，即城市化、郊区化、逆城市化、再城市化。在城市化发展阶段，如果人口的过度集聚超过了工业化和城市经济社会发展水平，就会发生在某些发展中国家出现的“过度城市化”现象，产生一系列被称为“城市病”的矛盾和问题，加剧城市负担、制约城市化发展以及引发市民身心疾病等。目前我国的很多城市已经出现这些问题。

三、城乡空间拓展陷入“摊大饼”的怪圈

（一）“摊大饼”发展模式简介

“摊大饼”是对城市发展形态的描述，“摊大饼”式城市规划简单说就是以现有市区为中心，向城市郊区圈层扩散的城市规划，它表明城市的发展处于一种盲目的、无序的扩张状态。在城市规模较小时，集中的城市发展有利于节省建设成本（交通、供水、电力、电信等建设需进行大量投资）；但是当城市规模很大时继续无边缘地发展，也会带来交通、环境上的问题。随着我国城市化进程的不断加快，大城市和特大城市数量和体积的不断扩大，采取什么样的扩张方式就需要根据各个城市的情况来具体分析了。

（二）“摊大饼”的优点

“摊大饼”的城市发展方式在城镇化初期，尤其是在我国人口众多、人口密度大的现实问题下，是必须要走的一个过程，在我国城镇化发展过程中发挥了重要的作用。

第一，“摊大饼”能快速、有效地扩张城市集聚力，提高城市综合实力。在城市用地快速向外扩张过程中，基础设施、城市功能都将会不断完善，而且能够非常明显地超越普通的中小城市。原有的传统产业要扩张，引进的新兴产业要加入，城市产业结构要不断调整升级，经济实力必将明显增强。

第二，快速提升城市形象。一个城市规模的提升给市民最直观的感受就是城市变大了，相应的功能、配套服务、设施都上去了，看起来像一个大城市。这将带来间接的隐形经济效益，如大城市形象带来的规模化效益，社会、经济、文化、知识、技术外部经济等。如何对这种隐形经济效益加以引导和利用，是大城市在扩张过程中应该仔细考虑的问题。

第三，快速有效地吸引大批的人才，提高城市的科研教育软实力。在现

代产业发展中，人才与科技将是城市经济发展的决定性力量，经济发展的潜力主要表现在对人力资源和技术成果的占有上。相对于中小城市，大城市在快速发展的过程中对人才和科技的吸引能力明显要高出很多。

第四，其他附带效应。在合理发展大城市的过程中，只要方式运用得当，还会生成一些其他的正面效应。例如城市环境的改善、人民生活质量的提高、医疗卫生条件的改进、社保体系的完善、教育科技的发展等。

（三）“摊大饼”的缺点

第一，“单中心 + 环线”引发城市交通弊端。城市用地大面积集中连片布置，不利于城市道路交通的组织，因为越往市中心，人口和经济密度越高，交通流量越大，从而无限制扩展城市规模造成人口过度拥挤。土地利用与道路交通脱节，突出表现在城市整体用地结构与布局未充分考虑整体交通的组织，造成部分交通资源的无端浪费。

第二，有违生态城市建设理念。城市用地功能分区明显，工业区与生活居住区紧邻，会导致某一区域的人口密度过大与环境恶化，如果处理不当，易造成环境污染。在城市中心区域内，会存在许多国有或集体所有的工业，它们占据了市区重要地段，土地级差得不到体现，造成土地经济资源的严重浪费，同时这些企业造成的环境污染，影响了城市的环境。

第三，城市结构与布局不合理。由于城市发展和扩张还要受地理、环境等方面的限制，因此在城市结构和布局上总会出现不合理的现象。城市进一步发展，城市居住区与工业区容易产生层层包围现象，城市用地连绵不断向四周扩展，城市总体布局可能陷入混乱，带来环境污染、地价昂贵、城市管理难度加大、治安环境日趋恶化等问题。

第四，城市管理难度增大。“摊大饼”式的扩张导致地域扩大和人口增多，形成社会管理面的增大和难度增加，无法实现精细化管理，造成社会问题的产生。外延型扩张方式下，城镇化造成客观上对周边地区的资源掠夺，造成资源稀缺。

第五，生态系统自愈能力低下。外延型扩张方式下，城镇规模过大，加之城镇规划过程中对生态环境的重视程度不够，对生态环境保护的设计能力不足，导致小范围的环境自愈能力达不到要求，造成环境污染，并且难以解决。

（四）“摊大饼”发展模式总结

从上面的分析我们可以看出，“摊大饼”有优点也有缺点，这种城市扩张模式不能全盘被否定。它在一定的适用条件、时期及范围内发挥了巨大的作用，但综观全国各大城市的发展可以看出，有许多城市患上了“城市病”。其中，最为典型的就是首都北京。所以在选择城市发展模式时一定要避免盲目，否则就会带来城市人口拥挤、交通堵塞、环境污染、地价昂贵、城市管理难度加大、治安环境日趋恶化等一系列“城市病”。某些情况下，借鉴国内外的发展经验，大城市扩张采取“卫星城”的模式比“摊大饼”模式相对更科学可取。

四、城镇规模断层导致区域空间经济梯度凸显

（一）区域经济发展梯度理论

梯度转移理论认为，区域经济的发展取决于其产业结构的状况，而产业结构的状况又取决于地区经济部门，特别是其主导产业在工业生命周期中所处的阶段。如果其主导产业部门由处于创新阶段的专业部门所构成，则说明该区域具有发展潜力，因此将该区域列入高梯度区域。该理论认为，创新活动是决定区域发展梯度层次的决定性因素，而创新活动大都发生在高梯度地区。随着时间的推移及生命周期阶段的变化，生产活动逐渐从高梯度地区向低梯度地区转移，而这种梯度转移过程主要是通过多层次的城市系统扩展开

来的。梯度转移理论主张发达地区应首先加快发展，然后通过产业和要素向较发达地区和欠发达地区转移，以带动整个经济的发展。

（二）梯度推移与区域经济和谐发展

梯度推移对促进区域经济和谐发展有着显著的作用。

第一，梯度推移有利于推动落后地区经济的发展。发达地区的产业可以通过梯度推移转移到欠发达地区，推动落后地区的经济发展，缩小两地差距。

第二，梯度推移有利于促进发达地区产业升级。原有产业发生转移后，发达地区为了保持自身优势，必然会不断寻求创新和发展，催生新技术的产生以形成新的技术优势和产业优势。而且，产业转移也为发达地区寻求新发展提供了必要的生产要素条件。

第三，梯度推移有助于促进区域间生产要素的合理配置。区域间主、客观条件不同决定其生产要素配置客观上存在优化欠缺。梯度推移有助于促进区域间生产要素的优化配置，提高生产要素的配置效率和配置效果。

第四，梯度推移有助于更好地进行区域之间的合作。从世界经济发展的历史来看，由梯度推移导致的产业转移是进行区域间合作的一条重要途径。

第五，梯度推移有助于保持适度的区域经济差距，而适度的区域经济差距对社会经济发展有正面影响。这种适度的区域经济差距是形成欠发达地区社会经济发展的动力源，为发达地区和欠发达地区提供了区域竞争与合作的平台。但是，仅靠市场机制的作用，由于存在着诸多的延缓区域梯度推移进程的黏性因素，常常难以起到以上作用。因此，政府的宏观调控是梯度推移作用得以有效发挥的必要条件。

（三）基于梯度推移对我国区域发展的建议

第一，进一步加大中央政府对中西部欠发达地区的财政转移支付力度，制定和实施各种优惠政策，建立东部发达地区向中西部地区的“利益补偿”

机制。由于我国东部与中西部之间长期存在着产品不等价交换，使得中西部应得利益转移为东部所得，造成中西部经济发展绝对受损。中西部资源开发的经济主体是国企，其税收大部分被国家拿走，并且国家优先发展东部地区，使财政预算资金的大部分投入到东部沿海地区，这些均导致了中西部地区发展资金的严重匮乏，因此必须通过政府的宏观调控进行调节，尤其需要中央在投资，特别是基础性投资上向中西部地区倾斜，通过各种形式的转移支付等方式，使得东部发达地区为中西部欠发达地区的经济发展做出一定程度的“利益补偿”。

第二，通过市场调节手段适度引导“农民工回流”，强化梯度推移的扩散效应。客观上存在的日趋扩大的城乡收入差距以及沿海与内陆地区的收入差距，导致劳动的极化式聚集在我国普遍存在，在发达地区形成外来劳动力的买方市场。近几年，在政府倾斜政策的扶持下，中西部地区城乡基础设施在规模、技术等级、服务水平等方面都取得了显著提高或改善。伴随着东部地区一些劳动密集型产业向中西部地区的转移，外来劳动力出现了“回流”现象。国家应制定相应的政策，运用市场调节手段，通过适度引导和鼓励以形成更大幅度的“农民工回流”，如可通过提供小额贷款或免税等措施鼓励回流的农民工自主创业，建设家乡。

第三，鼓励落后地区培育某些新科学技术及产业，避免陷入“低梯度陷阱”和“落后增长”。形成贫困的累积性效应的根源在于后发展地区的经济结构长期落后，扭转这种“落后增长”的根本出路在于技术结构和产业结构的升级。欠发达地区应该积极主动地接受发达地区的梯度转移。低梯度地区只要有了某些增长极效应极强的新科学技术及其产业，实现产业转换升级，在一些领域实现从旧质生产力转化为新质生产力的飞跃，就有可能带动整个经济起飞，最终改变边缘区的落后面貌，实现跨越式发展。

第四，提升梯度推移层级，加快梯度推移过程，在促进东部发达地区产业升级的同时积极缩小东部与中西部地区的经济差距。要避免低梯度转移与落后的同步增长，逐步缩小我国东部地区与中西部地区间的经济差距，实现区域经济的和谐发展，不仅要在克服各种梯度推移黏性因素的基础上保证梯度推移过程的顺畅，更要从整体和全局的角度提高梯度推移的产业内容品质和技术品质，提升梯度推移的层级，加快国内区域间的产业推移过程。

第二节　内涵型城镇化中的城市空间

一、城市空间与人的心理感受

随着我国城市化进程的逐渐加速，城市公共空间环境有了很大的改变，原本适于步行和自行车交通的环境已经支离破碎，普通人的日常生活空间也逐渐被大规模的商业开发所占据，大范围的区域专项功能化使城市丧失了原有的肌理和活力。

（一）城市空间尺度与人的交往行为的关系

人们在一个城市里生活，人和城市之间会相互影响。研究表明，当人所处的环境范围过大时，就会有信息量超载的现象。信息量超过人大脑所能承受的限度时，会引起人相应内脏器官的功能紊乱，出现头晕脑胀、精神涣散等神经性精神症状；与此同时，大环境带来的过多客流量也会对环境造成更大的污染和损害。城市居民参与到整个城市的舒适度建设中，主动选择建设怎样的城市空间尺度，这是城市居民主动创造的过程。正如一个城市的风格要根据当地的民俗、民风而定的道理一样，城市空间的尺度同样对人有着很深的影响。环境是人类获取信息的主要来源，人们正是在使用和感受空间的时候，综合各种环境信息进而以自己的行为为依据对空间环境作出反应，这是一个被动接受的过程。

（二）人的需求分析

现代文明已经从最初的物质追求上升到更高层次的精神追求。从精神层面来讲，在尺度适中的城市中，街道、建筑物、空间使人群都可以在咫尺之间深切地体会到，这样的城市空间令人感到温馨宜人。反之，那些有着巨大空间、宽广的街道和密密麻麻的高楼大厦的城市则使人觉得冷漠无情。

1. 人的亲密性心理需求

相互熟悉的人之间的交往，是一种亲密性的心理需求。交流的方式多种多样，话语、表情、肢体语言都需要一个环境来完成。随着接触频率的增大和接触范围的缩小，这种亲密性的强度会越来越高。

2. 人的安全性心理需求

人们增加与别人的交流，是为获得明确的安全感。当我们内心无助、面临困境、迷茫动摇时，需要他人的开导、安慰和指点迷津。但是大尺度的城市空间成为这些行为的阻碍。人们生活在一个充满距离感的大城市里，身边人的流动性较大，人与人之间的关系黏着性变小，人与人之间的交往变淡，心理问题难以疏解，使得焦虑症、忧郁症成为现代都市人的常见病。

（三）公众参与城市活动的宜人性原则

宜人性原则是内涵型城镇化提倡的原则。人类的社会性和群居性都证明了我们需要和外界进行交流和沟通。只有城市空间尺度给我们创造一个能让心理感受到舒适的城市时，我们才会对城市产生认同感和归属感，从而每个人都会参与城市的活动和建设。

二、城市公共空间尺度要素

（一）城市公共空间的概念

城市公共空间的一般概念是指“那些供城市居民日常生活和社会生活公共使用的室外空间，包括街道、广场、居住区户外场地、公园、体育场地等。城市公共空间的广义概念可以扩大到公共设施用地的空间，例如城市中心区、商业区、城市绿地等”。城市公共空间可以进行交通、商业交易、表演、展览、体育竞赛、运动健身、休闲、观光游览、节日集会及人际交往等各类活动。一名优秀的城市设计师可以通过优化城市公共空间的要素设计，增加人们相互交往的场所，满足公众多样化需求，提高城市公共空间质量，以此适应社会发展的需要。

（二）城市公共空间的要素分析

成功的公共空间要富有活力，并处于不断自我完善和强化的进程中。要使空间变得富有活力，就必须在一个具有吸引力和安全的环境中提供人们需要的东西，这就涉及如何在公共空间中营建和应用“空间与尺度”、“可达性与易达性”、“混合使用与密度”、“环境质量”、“公共设施”、“街道家具”等要素。

1. 空间与尺度

公共空间首先是一个“空间”的概念。空间是物质存在的客观形式，是物质存在的广延性和扩张性的表现。但形成具有实质意义的公共空间应该是具有地域文化和内涵的，并赋予空间意义的“场所”。尺度，既是空间设计的手段，也是空间设计的原则。“人体尺度”是人类在长期生活中积累形成的一种适度的标准和视觉印象。尺度存在于城市空间设计的每个环节。虽然在整个城市的空间设计中并不一定遵循唯一的尺度概念，但设计的最终目的是创造有意义的、适合人们需求的尺度效果。凡是接近人的地方，特别是在城市的公共空间中，都应该注意体现“宜人性”，因为所谓的“人性场所”首先是空间应具有“人体尺度”。

2. 可达性与易达性

城市中目的地与交通是相互联系、密不可分的，正因为有了吸引人们的目的地，才产生了交通；因为有了交通，才使得人们到达目的地变成可能。因此，城市的公共空间是否具有活力是受到其可达性与易达性的影响。以发展的眼光来看，城市的公共空间是由于人们长期以来在某一场所相互活动形成的，包括街道、市场、码头等，由此也反映了公共空间的可达性与易达性的重要性。在创造新的城市公共空间时，必须考虑公共空间与其他区域的交通联系，包括车行交通和步行交通，这是实现公共空间富有活力的重要保证。

3. 混合使用与密度

创造活跃和良好的公共空间的另一个关键就是不同的土地用途和人的活动在空间与时间上的集中，而足够的人群和活动密度又常常被认为是空间富有活力的先决条件，也是实现空间混合使用的先决条件。为避免国外许多城市开发实践中被功能分区理论影响而出现孤立的城市公共空间现象，混合使用已经成为一个现今被广泛接受的城市设计目标。对于城市公共空间的使用而言，适当的密度是十分必要的。特别是位于城市中心区的公共空间，由于现状条件限制较大，往往会形成高密度的区域。尽管高密度有时意味着较低的环境质量，但对于公共空间的使用，适当的高密度意味着将增加人流的接触度。当各种各样的活动和不同类型的人们在同一公共空间相遇，就大大地激发了自发性活动和社会性活动发生的可能性，从而使公共空间变得复杂多变、富有生机。

4. 环境质量

根据交往与空间理论，人们的每一种活动对环境的要求都不相同，其中自发性活动和社会性活动都特别依赖于户外空间的质量，当条件不佳时，具有特殊魅力的活动就会消失；而在条件适宜的环境里，它们就会健康地发展。户外空间的环境质量对空间活力营建有重要的影响作用。与环境质量良好的公共空间相比，质量较差的空间影响了人们主观能动性的发挥，因此限制了人与人之间适度接触的发生，从而制约了空间活力的显现。反之，在环境质量良好的公共空间里，无论是在市中心、商业广场，还是在公众娱乐场所，产生人的停留与活动，总是吸引着另一些人，人们或在一旁观察，或聚集在其周围，或互相讨论，于是新的交往活动就这样自然地展开了。

5. 公共设施

作为城市的公共空间，它的基本功能就是必须满足人们的各种活动需求。因此，健全的公共设施是营建良好公共空间的基本条件。相关的基本公共设施包括：灯具、座椅、邮筒、垃圾箱、站牌、路标、城市地图栏、电话亭、售报亭、停车亭、治安亭、公共卫生间等。建筑与规划设计应为残疾人士及老年人等行动不便者创造正常生活和参与社会活动的便利条件。应该结合残疾人坡道与盲人路引等设施，消除人为环境中不利于残疾人士的各种障碍，建设出能平等使用的公共场所，使全体成员都能共享社会进步的成果。

6. 街道家具

街道家具是城市中的环境小品，是街道空间和景观组织中不可或缺的元素，是体现城市特色与文化内涵的重要部分，能直接影响行人对场所的感受。通过对街道家具的设计，可以增强场所的特色，丰富空间的内涵。

三、当代城镇空间尺度问题的反思与探索

（一）中国城镇空间尺度问题反思

当代城市，因为现代化的交通工具，人们的行进速度显著提高。路途中，

更多的是在车内，人们在位移迅速变化的情况下观察城市面貌。在这样的状态下，城市很多建筑小品和景观设计追求巨大和醒目，对细节处理不到位。因为人们多是线性活动，因此更加注重沿街、沿路景观和建筑的建设。沿着交通道路的景观和建筑设计成为宣传城市的重要“面子”。而在机动车成为主要交通工具的情况下，城市中的交通换乘中心、加油站、停车场正在逐渐成为城市中的“结点”。

然而这些与机动汽车相联系的事物，让人渐渐感到“人”的无力感。规划设计和实际建设中，道路宽广，机动车辆成为道路的主人。以前那些可以自由穿梭的道路不复存在，那些遍布摊位和小商小贩的广场不复存在，那个吵吵嚷嚷的“大客厅”城市不见了，更多的是遍布过街天桥的宽阔车道和密密麻麻的立交桥，明明直线距离那么短，却要绕上一大圈才能到达马路对面，而且风驰电掣的汽车刺破空气的声响让人不安，也让人更加感觉到“人”在城市中的渺小。

当代外延式扩张的城市建设带来的是城市尺度的大幅增长，造成人与人之间的疏离感。迅速城镇化对城市建筑设计的粗糙处理使得城市尺度难以与以前的城市尺度相匹配，造成城市文化记忆的断层。

尺度，本身就是与人相联系的概念。城市的建设也是为“人”服务的，只有符合人的“尺度”的设计，才符合城镇发展的需要。比如目前很多城市修建的大型广场，甚至很多市政府门前修筑的政府广场，以大尺度互相标榜，却忽略人的感受。

我国传统“天人合一”的理念追求横向的平面尺度空间，引入西方的发展方式以后，城市在高度上的尺度越来越大。摩天大楼拔地而起，且不说各地大楼竞相比高，单是每个城市中的座座大厦矗立大地，将人的视线遮挡，将视野分割，满目皆是枯燥乏味的建筑，很难在建筑楼里或者平地上见到绿意丛嵘的景观。

此外，中国传统的小城镇规划继承了我国城市规划以物质环境建设为重的传统，主要解决小城镇物质环境建设的空间布局问题，规划内容以城镇物质实体环境为主，主要任务是确定小城镇性质、规模和发展方向，合理利用城市（镇）土地，协调城市（镇）空间布局和各项建设的综合布局及具体安排，在内容上属于环境建设规划，在范畴上属于现代主义功能规划的一部分。传统小城镇规划设计模式是强调物质性的“蓝图规划”，强调单纯按照规模评判发展的评价模式，是粗放式、外延式的规划设计与发展模式，其表现为“摊大饼”、“圈地划圈”等。可持续发展与生态意识淡薄，是造成目前小城镇生态质量恶化、可持续发展能力弱等问题的原因。一方面，小城镇具有尺度小巧、与乡村结合紧密等特点，这是其区别于大中城市的特色所在。然而在一些设计中，人们盲目套用大中城市的规划、结构模式等，如在土地结构构成上按大中城市的做法进行布局，在城镇的景观上追求与城市相似的景观模式，在建筑设计上与小城镇原有的建筑不协调等，导致小城镇原有的特色消失。另一方面，在规划设计中不注重原有的地形及景观特色，而盲目追求大中城市规划的几何性与功能分区，造成小城镇原来良好的社会空间与城镇肌理被破坏，这也是减弱小城镇特色的一个方面。

（二）中国城镇空间尺度的新探索

城市的大尺度建设形成了城市“动”和“快”的两个突出的特点，带来了城市生活、生产和服务的高容量和高效率。然而除了“动”和“快”，人们还有一种状态叫“静”和“慢”。比如，将交通干线比喻成城市的大动脉，那么，社区之间的邻里交通则是城市的毛细血管。在这些地方，人们通常步行较多，更关注所在地方的细节，也更容易被精致的城市建设感动，从而产生身为该城市居民的自豪感和幸福感。内涵型城镇化发展过程中的城市尺度应该设计以“人”为本的城市，需要“大”、“小”两种尺度的综合利用，形成“动”、“静”结合的态势，塑造真正适合人生存生活的尺度空间。这为城镇空间规划提出了重要的指南。

在小城镇规划空间尺度方面，土地的集约利用是最主要的方向，需要做到以下几点：

1. 深化土地管理综合配套改革

加强土地政策与产业政策、财政政策、货币政策的配合，更多地运用土地价格及租税费等经济手段，加强和改善土地调控规模、布局、结构和时序。完善科学合理的用地指标体系并严格执行。尽快将教育文化、体育、医疗卫生等公共设施用地纳入定额指标，适时调整工业类用地的控制指标。加快制定建设用地控制指标和鼓励、禁止、限制用地目录。按照依法自愿有偿原则，允许并规范农民以转包、出租、互换、转让、股份合作等形式流转土地承包经营权，推进集体建设用地规范有序流转，建立城乡统一的建设用地市场，推行新型农村宅基地制度，鼓励农民进城购房或按规划建高层楼房，节约的宅基地指标可用作小城镇发展的建设用地指标。探索通过征用土地、建设用地流转等手段，将农村土地权益置换成城镇基本社会保障。鼓励进城务工的农民向城镇地区迁居。积极推进基础设施城市化、农民身份市民化和公共服务均等化等。

2. 强化土地利用总体规划

强化土地利用总体规划的整体控制作用，做好土地利用总体规划、城市总体规划、村庄和集镇规划的相互衔接和协调，统筹安排城市建设用地总量、空间分布和实施时序，合理确定各类用地布局和比例；加强城镇体系和区域发展规划，使产业集聚效率达到最优，实现集约利用土地；以城乡结合部为重点，编制重点乡镇、新农村示范村建设规划，实现城乡一体化发展，控制郊区开发的盲目圈地和外延式扩展等；切实加强重大基础设施和基础产业的科学规划，控制高耗能、高排放和产能过剩行业用地，严禁零散安排乡村工业用地。

3. 完善新的建设和用地标准

提高土地集约利用水平，需要引入各种建筑规划技术和管理技术，大力推广建筑施工中新工艺、新技术、新材料的应用，推广节能省地建筑技术，大力开发利用城市地下空间。引导企业通过技术改造、流程设计和合理规划布局生产用房，推动用地集约化。充分利用地形高差，进行立体叠加组合，整合地下、地面与地上空间资源，实现建筑、道路、绿化等土地空间布局的优化。对于一些过时的规划、用地等标准，需要进行修改和完善。

4. 完善集约用地评价体系，纳入政府管理目标

分别从区域总体、城市区域和村落聚居区四个层面，建立并完善土地集约利用评价体系：①利用程度指标：土地覆盖率、用地容积率、地上空间利用率、地下空间利用率；②投入强度指标：工业用地投资强度、建设用地绿化率等；③产出效果指标：单位土地产出率、新增亿元生产总值新增建设用地；④持续状况指标：闲置土地重新利用率、存量用地利用率等。关键是逐步规范评价指标并逐步确定各地最佳指标值范围。对集约用地控制指标实行动态管理，可以考虑将控制指标每三年调整一次，不断提高投入产出率。按照国务院规定，将集约用地纳入各级政府目标责任制和干部考核体系中，逐步建立与考核结果挂钩的激励机制。

5. 立足内涵挖掘，优先盘活存量土地

挖掘城镇旧城区用地潜力，盘活城镇闲置土地，加大旧城改造和企业“退二进三”的力度，加快城市旧城区用地结构的调整。积极支持鼓励“城中村”改造，加大废弃矿山、废弃公路的整治力度，通过减免出让金、相关费用等方式鼓励增资扩建。挖潜农村存量建设用地，把土地整治复垦与集体建设用地流转、城乡建设用地增减和征地制度改革结合起来，鼓励迁村并点和旧村改造，逐步消灭散、乱、差的“空心村”，整治荒山荒坡，使农村住宅逐步向中心村和小城镇集中。

第三节 内涵型城镇化空间规划的总体思路

一、中国新型城镇体系空间格局形成的背景

2013 年 12 月 12 日召开的中央城镇化工作会议，是党中央第一次将城镇化提高到中央层面战略高度的一次具有里程碑意义的重要会议。这次会议充分体现了推进新型城镇化是国家全面建成小康社会和实现可持续现代化的必由之路，是解决农业、农村、农民问题的重要途径，是推动区域协调发展的有力支撑，是扩大内需和促进产业升级的重要抓手，更是实现中华民族伟大复兴的中国梦的重要实践。国家在新型城镇化的战略部署中对空间规划“明确了一个主体，守住了四条红线，构筑了五大主轴”。

（一）明确了一个主体

“明确了一个主体”是指把城市群作为主体。继国家“十一五”、“十二五”规划纲要连续 10 年把城市群作为推进城镇化的主体空间形态之后，党中央首次明确了把城市群作为推进新型城镇化的主体，提出继续优化建设京津冀、长江三角洲、珠江三角洲三大国家级城市群并争取建成具有国际竞争力的世界城市群外，要在中西部和东北有条件的地区，依靠市场力量和国家规划引导，逐步发展形成若干城市群，成为带动中西部和东北地区发展的重要增长极。可以肯定地说，中国的城市群不论在过去，还是在未来都是我国经济发展格局中最具活力和潜力的核心地区，是我国主体功能区规划中的重点开发区和优化开发区，也是未来中国城市发展的重要方向，在全国生产力布局中起着战略支撑点的作用。城市群已经成为国家参与全球竞争与国际分工

的全新地域单元，其发展深刻地影响着我国的国际竞争力，并正在影响着21世纪全球经济的新格局。在推进新型城镇化的进程中，一定要科学理性地分层次建设好国家级城市群、区域性城市群和地区性城市群。

（二）守住了四条红线

四条红线指耕地红线、生态红线、城市开发边界线和资金保障生命线。其中，前三项为空间规划相关内容。

一是严守耕地红线，按照促进生产空间集约高效、生活空间宜居适度、生态空间山清水秀的总体要求，形成生产、生活、生态空间的合理结构。减少工业用地，适当增加生活用地特别是居住用地，切实保护耕地、园地、菜地等农业空间，确保国家粮食安全。

二是划定并守住生态红线，高度重视生态安全，扩大森林、湖泊、湿地等绿色生态空间比重，增强水源涵养能力和环境容量，要依托现有山水脉络等独特风光，让城市融入大自然，让居民望得见山、看得见水、记得住乡愁；在促进城乡一体化发展中，注意保留村庄原始风貌，慎砍树、不填湖、少拆房，尽可能在原有村庄形态上改善居民生活条件。

三是科学划定并守住城市开发边界线，把城市放在大自然中，把绿水青山保留给城市居民，城市规划要由扩张性规划逐步转向限定城市边界、优化空间结构的规划。

（三）构筑了五大主轴

五大主轴指“两横三纵”的城市化战略格局。将全国主体功能区规划提出的“两横三纵”城市化战略格局作为未来国家推进新型城镇化的总体布局框架，即以陆桥通道、沿长江通道为两条横轴，以沿海、京哈京广、包昆通道为三条纵轴，以国家优化开发和重点开发的城市化地区为主要支撑，以轴线上其他城市化地区为重要组成的城市化战略格局。要求“一张蓝图干到底”，根据资源环境承载能力构建科学合理的城镇化宏观布局，把城市群作为主体形态，促进大中小城市和小城镇合理分工、功能互补、协同发展。

通过严格的量化标准，再考虑到国家政策和新型城镇化战略的影响力，中国科学院区域与城市规划设计研究中心主任方创琳认为，中国未来可能会形成一个“5 +9 +6”的城市群格局。

“5”是指以国家中心城市为核心重点建设5大国家级城市群：包括“长三角”城市群、“珠三角”城市群、京津冀城市群、“中三角”城市群、成渝城市群。其中，前三个最终要建设成世界级的城市群。

“9”是稳步建设9大区域性城市群：包括哈（尔滨）长（春）城市群、辽中南城市群、山东半岛城市群、海峡西岸城市群、中原城市群、关中城市群、北部湾城市群、江淮城市群、天山北坡城市群。

“6”是指积极引导培育6个新的地区性城市群，包括晋中城市群、兰（州）白（银）西（宁）城市群、宁夏沿黄城市群、呼（和浩特）包（头）鄂（尔多斯）榆（林）城市群、滇中城市群和黔中城市群。

这一格局与全国主体功能区规划是相衔接的：全国主体功能区规划确定的21个重点城市化地区，“5 +9 +6”的城市群格局覆盖了19个，没覆盖的两个是东陇海地区和藏中南地区。

在建设5大国家级城市群、9大区域性城市群，引导培育6大新的地区性城市群之中，应将长江三角洲城市群建成国家综合竞争力最强的世界级城市群，将珠江三角洲城市群建成亚太地区最具竞争活力的世界级城市群，将京津冀城市群建成国家创新能力最强的世界级超大城市群。

二、内涵型城镇化的区域协调发展与建设

（一）中国城镇化格局现状分析

长期以来，我国城镇化形成了东、中、西阶梯式发展的格局，这种格局

一方面受到历史与自然条件的影响，另一方面受到我国非均衡发展战略的影响。与此同时，特大城市、大城市过度扩张，中小城镇发展不足，造成了“城市病”与城市吸纳农业人口能力不足并存的现象。中共十八届三中全会决定：“优化城市空间结构和管理格局，增强城市综合承载能力。”科学合理布局城市的地域结构，关系到新型城镇化能否高质量地完成，也牵涉到实现区域协调发展与改善收入分配等重大命题，因此对城市地域布局问题要深入探讨。

（二）中国城镇化战略优化调整

新形势下中国城市发展总体方针应该调整为：引导发展城市群，严格控制超大和特大城市，合理发展大城市，鼓励发展中等城市，积极发展小城市和小城镇，形成城市群与大、中、小城市及小城镇协调发展的城镇化发展新格局。把城市群继续作为推进中国城镇化积极稳妥发展的主体空间形态，把建设发展小城镇作为中国推进城乡统筹发展、农民市民化的主要阵地和提升城镇化发展质量的重要手段。中国城镇化发展战略要作调整，从东、中、西部三大地区城市发展数量与规模及空间布局的差异性分析来看，东、中、西部侧重点各有不同。

东部地区是特大城市、大城市高度密集地区，未来城市发展受资源环境承载能力制约，因此要严格控制超大城市和特大城市数量与规模，以内涵型城镇化发展为手段，以提高城镇化发展质量为主要目标，全力解决日益严重的“城市病”，确保城镇化发展质量接近和赶上世界水平。

中部地区城市发展要不断扩大城市吸纳乡村人口的容量，完善城市基础设施，积极引导鼓励大、中城市规模的适度扩大，大力发展小城镇，使中部地区成为我国新型城镇化和内涵型城镇化的主战场。

西部地区受自然环境的限制，城市发展以大城市和小城镇为重点，实行据点式发展。通过人口与经济要素的空间大调整，形成与生态环境相适应的生态城市发展模式。

（三）中国城镇化发展导向下的城市数量预测

城市规模与数量是由城市所在的区位、自然基础、经济社会发展历史与基础等复杂因素决定的。目前的城市发展格局和空间分布格局总体是合理的，具有客观合理性，是几千年来经过自然环境的选择，固化在中华大地上的合理格局，在未来相当长的时期内都将无法改变！未来中国的城市发展要充分尊重城市发展的现状格局。无论是分布在东部地区的城市，还是分布在中西部地区的城市，都要坚持宜大则大，宜中则中，宜小则小，城市的规模与数量一定要与当地的资源环境承载力相适应的原则，要在资源与生态环境承载能力大的地方适度有序地建城，不搞攀比，不比大小，不比体量。

未来我国城市数量适度增加将使城市发展格局更趋合理，中国科学院地理资源所区域与城市规划研究中心主任方创琳表示：以第六次人口普查中各城市市辖区常住人口为基本数据进行计算，到 2020 年我国将形成由 20 个城市群、10 个超大城市、20 个特大城市、150 个大城市、240 个中等城市、350 个小城市组成的 6 级国家城市空间新格局，城市总数量由现在的 657 个增加到 770 个左右。其中 20 个城市群包括长江三角洲城市群、珠江三角洲城市群、京津冀城市群、长江中游城市群、成渝城市群等；10 个超大城市包括上海、北京、天津、广州、重庆、深圳、武汉、南京、西安、成都；20 个特大城市包括杭州、沈阳、哈尔滨、汕头、济南、郑州、大连、苏州、长春、青岛、昆明、厦门、宁波、南宁、太原、合肥、常州、长沙、东莞和佛山①。

① 城镇化发展规划即将出台［N］．中国经济导报，2013－12－10.

三、城镇化的空间类型

（一）向心型城镇化与离心型城镇化

以大城市为中心来考察城镇化现象，即会发现存在着向心与离心两种类型的城镇化。

城市中的商业服务设施以及政府部门、企事业公司的总部、银行、报社等脑力劳动机关，都有不断向城市中心集聚的特性，这就是向心型城镇化，也称为集中型城镇化。向城市中心集聚的这些部门，或者是决策部门（如政府机关、公司总部、银行等），或者需要与服务对象进行直接交流（如文化、体育、娱乐设施等），或者需要以稠密的人流作为经营对象（如商店、酒楼等）。这些部门的职能特点要求它们向城市中心运动，密集布置。

有些城市设施和部门则自城市中心向外缘移动扩散，这被称为离心型城镇化，也称扩散型城镇化。这些具有离心倾向的部门有的需要宽敞用地，如大型企业、自来水厂等；有的需要防止灾害和污染，如煤气厂、垃圾处理厂等；有的需要安静环境，如精神病院、传染病医院等；有的具有特殊使命，需要离开市区，如兵营、监狱、火葬场等。

向心型城镇化促使城市中心土地利用密度升高，向立体发展，形成中心商业事务区。离心型城镇化导致城市外围农村地域变质、城市平面扩大。在大城市发展到一定阶段时，会出现一些离心方向的扩散现象。郊区化和逆城市化都属于离心型城镇化现象。

（二）外延型城镇化与飞地型城镇化

按照城市扩展形式的不同，还可分出外延型和飞地型两种类型的城镇化。如果城市的向外扩展，一直保持与建成区接壤，连续渐次地向外推进，这种扩展方式称之为外延型城镇化。如果在推进过程中，出现了空间上与建成区断开，职能上与中心城市保持联系的城市拓展方式，则称为飞地型城镇化。

外延型城镇化是最为常见的一种城镇化类型，在大、中、小各级城市的边缘地带都可以看到这种外延现象，这一正在进行外延型城镇化的边缘地带被称之为城乡结合部。

飞地型城镇化一般要在大城市的环境下才会出现。因为大城市的人口、用地规模已十分庞大，各类城市问题较多，如果继续采取外延型的发展方式，将使各种矛盾更为尖锐。在此情况下，通常采取跳出中心城市现有边界，到条件适宜的地理位置上去发展的方式，用以分散中心城市的压力，有的则形成大城市郊区的卫星城镇。在一些发展中国家，为了改变经济过分集中于沿海地区的现状和实现发展内地经济的目的，将首都搬到内地或在内地开辟增长中心，从广义上讲，这也是飞地型城镇化的一种表现形式。

四、内涵型城镇化建设的模式——“产城一体化”

所谓“产城一体化”，是指城镇应当融合经济、金融、信息、贸易、生态、生产、生活、服务、教育、文化等多元功能，尤其是产业与生活服务功能，强化城镇在区域中的产业与生活服务中心作用。在产业集中的基础上，城镇可以集中劳动力、资本、技术、信息、交通等生产要素，并对它们进行整合，形成新的生产要素、新的产品、新的生产和管理方式，再从大城市到中小城市和小城镇依次传播和辐射出去。同时，在产业和生产要素集中的基础上，城镇还能够为居民提供良好的生产、生活和服务环境。产城一体化，利用产业形成的基础，推进土地开发、交通建设、基础设施建设，形成人口聚集，配套发展公共服务，结合发展商业化服务，形成区域城镇化发展的整合，实现一体化发展。

空间规划方面，以产业园区引导的产城一体化规划为例，无论是一般工业园区还是国家高新区都是城市发展中的一个过程性产物，其终极目标是要变成城市组团。推进产城融合需要对区域的发展进行整体规划，其中涉及产业项目、生活设施、交通配套等各个方面。这种规划本身应该是多层次、综合性的，要满足综合需求。产城融合不仅仅局限在产业发展方面，还要理顺园区的管理体制和运营机制，开展社会管理。使得园区人才、技术、资金、信息等要素交流顺畅。产业园区的城镇化发展，需要以人为本，完善配套，结合现代服务产业，实现产业与城镇配套的融合。

产业园区引导的产城一体化建设规划，需要加快城镇住房、给排水、燃气、电、交通、绿化、邮政、电信等基础设施的建设，要不断完善图书馆、体育中心、客运中心、大型商业中心、医院、市民文化广场、影院、剧院等城镇公共服务设施，以此改善城镇的生产生活环境。产城一体化要统一规划、分步建设、统筹管理，做到科学化、集约化和规范化；筹资渠道应多元化，可通过政府投资撬动社会资金，并逐渐增加社会资金的比例。

第四节 内涵型城镇化中空间规划的技术理念

一、规模扩张型空间发展与内涵型增长的差别

（一）规模扩张型空间发展

规模扩张型符合典型的旧型城镇化特点。

第一，土地的城镇化优先于人口的城镇化。城市建成的城区面积比城市人口的增长要高好几倍，我国城镇建成区的容积率比发达国家要低得多，导致城市人口的人均占地面积高于发达国家，规模扩张逐步演变为庞大的房地产开发项目。

第二，“摊大饼”式的城市发展，各地争相建设超大规模的城市。我国的城市专业化程度偏低，产业的同质化竞争很严重。“摊大饼”式发展造成了两大问题：一是大拆大建，侵犯了民众的利益；二是小城市偏枯，特大城市疯长。进而导致了两个恶果：一是项目建设过程当中占地面积过大，投资效率低下；二是各级政府债台高筑，威胁国家金融体系的稳定。

第三，建成后的城市运作效率很低。城市提高经济效率的好处没有充分发挥，但是负面效应却充分显露：交通拥堵、生态环境恶化、城市运营成本高昂。北京就是一个典型，每个人的生活半径都很长，每天几百万人进来一次，出去一次，造成了严重的交通污染和交通拥堵。

（二）内涵型增长

新型城镇化要看城市发展的速度和规模，更要看城市发展的质量。

在过去较长时期里，很多地方城镇化快速发展，但存在着重速度有余、重质量不足的问题，城市的规划区大幅扩展了，城镇人口变多了，但产业发展水平不高，公共设施配套不足，给交通和环境带来压力，城市带动农村的内在功能尚未得到充分发挥。只有走内涵型城镇化发展道路，才能在提高城镇化质量方面充分发挥城市对乡村的辐射和带动作用，推进城乡一体化发展。为此，我们必须摒弃过去片面注重追求城市规模扩大、空间扩张的做法，以提升城市的文化、公共服务等为中心，加快产城融合发展。同时，把生态文明理念和原则全面融入城镇化过程，把节约能源资源、保护生态环境作为新型城镇化的重要导向，突出资源节约和循环利用，实现城乡建设与自然环境的协调可持续发展。

二、内涵型城镇化的空间发展与土地资源开发利用

（一）我国城镇土地利用现状

随着我国经济的发展与社会的进步，近年来城镇发展较快，在规模和数

量上都迅速扩张，城镇用地数量激增，城镇发展建设的土地利用粗放问题日渐突出。而我国人多地少，城镇土地使用集约化成了一个非常急迫的问题，具体表现主要有三点：

第一，土地利用缺乏科学的总体规划。当前我国城镇发展规划科学性不足，空间布局不合理，用地侧重于新城、新区或开发区的建设，对旧城改造问题不够重视。而科学编制城镇总体发展规划、限制城镇用地无序扩张、盘活城镇存量土地、构建土地利用空间结构、完善政策法律法规制度是保障城镇土地集约、节约利用的有效措施。

第二，土地利用比例不合理。如居住用地比例偏大，公共设施与绿化用地比重偏少；城镇组团布局分散，道路网络规划设计不规范，建筑密度与形态不科学美观等。从上述实际问题来看，亟须贯彻落实《土地管理法》中的国土资源开发利用的基本国策。

第三，城镇建设用地盲目追求规模化。城镇建设盲目追求占地面积扩张化，由于先天的资源要素不足，缺少大项目、资金落地，在第二产业、第三产业集聚规模不足的情况下，导致用地粗放问题频发。

（二）内涵型城镇化中土地集约利用的必要性

第一，城镇建设用地多是占用的农业用地。从国土资源实情分析，我国人均的土地资源、耕地资源量都很低。城镇发展较快地区主要是经济基础较好、区位交通优越、人口相对集聚的地区，其开发用地绝大部分与农业用地相关。

第二，人均耕地面积呈减少趋势。我国人口基数庞大，今后人口仍会缓慢地正增长；同时，调整农业生产结构与保护生态环境的任务艰巨，退田还湖、退田还林、退田还牧等政策将要继续推行，这些都导致人均耕地面积还将呈减少趋势。

第三，我国粮食生产安全保障任务非常艰巨。我国始终面临着严重的人口压力和生态环境压力。目前我国粮食生产的状况比较好，农业生产内部结构调整较为合理，不过，虽然国家粮食产量“九连增”，但是粮食供求总量趋紧，而且结构性矛盾越来越突出，粮食自给率已经跌破90%。我国粮食生产的总体供求平衡非常脆弱，作为世界第一人口大国，粮食安全责任重大。

以上三点可以证明，城镇建设必须走内涵式发展道路，必须十分慎重地利用每一寸土地，尽最大努力保护耕地，贯彻落实我国土地利用的基本国策。

（三）内涵型城镇化中土地集约利用的战略意义

第一，土地资源集约化利用的理论与实践价值。随着城市化和工业化进程的加快，土地资源的供给与社会需求之间呈失衡的发展态势，土地资源的集约利用问题已成为经济社会发展的关键因素之一和解决各方矛盾的着力点。目前我国城市土地的利用方式正处于从粗放外延向集约内涵转化的过渡时期，如何提高城市土地的利用效率，促进土地资源利用集约化与可持续发展，成为土地规划的一个热点。土地集约问题是中国社会经济增长中的一个重大的问题。

第二，土地集约利用是解决城镇土地利用粗放和低效状况的根本途径。人多地少、耕地和后备耕地资源短缺是我国国土资源的现状，而我国大多数城市土地利用粗放，土地利用效率和土地产出效率低。预计到2050年，我国人口将达到16亿，土地资源的稀缺与人口膨胀的矛盾将更加突出。我国城镇土地利用粗放和产出低下的状况决定我国城镇化发展必须要走土地集约、节约利用的道路。

第三，内涵型城镇化建设的土地集约化利用是可持续发展的基本条件。城镇建设要注重土地资源的合理利用，切实保护耕地，为社会经济的可持续发展创造必要条件。土地资源是最重要、最基本的自然资源，更是人类生存繁衍、安居乐业之根本。对于我国这样一个人口大国来说，节约土地资源就意味着增加国民的生存空间。

（四）内涵型城镇化中土地资源开发与保护的建议

第一，继续大力推进节约、集约用地制度，努力营造全社会自觉节约、集约用地的新局面。我国节约、集约用地制度建设已取得了相当的成效，但仍需进一步提升节约、集约用地制度的法律地位，进一步完善节约、集约用地制度体系。

第二，建立以评价考核制度为核心的批后监管制度体系，促进土地资源利用效益最大化。具体包括：探索建立土地利用评价考核制度，探索建立建设项目用地退出机制。

第三，努力构建土地开发利用新模式，保障各阶层、各群体分享土地资源。

城镇化的核心在于人的城镇化。就土地资源而言，也需要构建新的开发模式，促进实现该目标，即进一步完善现有土地供应模式，不断探索完善征地补偿机制。

三、内涵型城镇化的空间发展与产业结构配置

（一）引导城市空间轴线式扩展

城市空间的轴线扩展是以城市主要交通干道为轴线实现城市地域空间的外延扩展，可以集中建设力量，充分发挥交通设施的功能，缓解成块扩大市区引起的拥挤和压力。同时，城市沿对外交通线路走廊式放射扩展，可在扩展轴间留出农田、森林等，有利于城市生态发展，为市民就近提供休闲场所，避免对农田和绿地进行侵占和破坏。因此，必须引导城市空间的圈层式扩展向轴线式扩展转变，遵循“旧城更新、新区拓展、轴线推进、均衡发展”的战略，加快对城市旧城土地利用结构的调整以及加强对新区土地扩张的控制。

（二）加强城市产业空间布局的“点—线—层—面”结合

为实现产业结构优化与土地利用结构优化的双重目标，城市产业布局应

当遵循与城市空间扩展战略、城镇建设目标相一致的原则，实现产业在城市空间“点—线—层—面”的协调布局。以现有的城镇的老城区组团等为核心，依托城市扩展轴，辐射周边地区，将工业发展重点逐步由城区向城镇地区转移，促使市域范围内的第三产业、第二产业、第一次产业圈层的形成，同时带动新城、周边城镇的工业化与城镇化发展。

（三）促进产业结构升级

在促进产业结构升级的过程中，必须加快工业产业结构的高级化和第三产业内部结构的优化。对于科研、教育、文化水平位于全国前列的大城市来说，在发展新兴产业方面具有比较优势。这些城市在新兴产业的选择上，应着力培育七大战略性新兴产业中与本地支柱产业关联性强且能改善城市工业基础和环境的产业作为城市工业经济起飞的生长点。例如：根据武汉市发展的经验来看，武汉市第三产业的发展优先顺序是旅游、金融、教育、房地产、咨询、保险、社会服务等。把旅游业作为第三产业的重点来发展，不仅符合武汉市人文景观、地理环境的优势，而且它对整个武汉市第三产业（包括金融、保险、通信、社会服务）和地方特色轻工业的发展具有难以估算的带动力量。

（四）加强城市土地资源配置中的市场主导与政府调节作用

在城市土地资源优化配置过程中，必须充分尊重市场规律，通过土地价格、地租的差异及其变动来反映城市内不同等级土地的效用和稀缺程度。运用地价杠杆对不同区位的土地利用进行自发调节。同时，加强政府干预，规范政府及其官员在城市土地开发配置过程中的行为，积极培育和完善城市土地市场，营造规范有序的法制环境等，使市场机制在城市土地资源优化配置中的作用得以充分发挥。

（五）加快主城区土地利用结构优化

在优化城市土地利用结构方面，进行“腾笼换鸟”、“退二进三”、“双优化”、“置换土地”等工程，以适应产业结构演化的客观规律和遵循城市土地优化配置的理论要求，把工业产业从城市中心区迁移出去，为商业、服务业等对区位条件要求高同时也能支付高昂地租的产业腾出发展空间。逐渐降低城市用地中工业、仓储等用地比例，提高商业、金融等第三产业用地比例。同时注重城市用地环境的改善，提高城市绿地比重。

四、内涵型城镇化的空间结构与区域空间协调发展

（一）城镇空间协调发展的问题

1. 过度城镇化引发人与自然关系紧张

城镇化的快速推进，使大量农村剩余劳动力涌入城镇，带来了交通拥挤、住房紧张、环境污染、人口膨胀、就业困难、地价上涨等一系列过度城镇化问题。另外，城镇化将城镇技术水平低和污染严重的工业向农村转移、扩散，从而也连带地将城镇污染向农村延伸、扩散，形成新的污染区域，导致人与自然之间的关系失衡。

2. 城镇规模较小造成人口与产业流失

多数地区，尤其是西部地区，城镇规模存在断层，缺乏大城市，不利于经济要素与产业的快速聚集与扩散，不利于发挥中心城市的带动作用。由于小城镇缺乏投资，生活服务设施建设标准低，吸引力差，一些企业不愿在小城镇扎根，使工业合理布局不能顺利实施，疏导大城市人口的阻力很大。更为严重性的是，尽管大城市已明显表现出工业和人口过分集中的许多弊病，却仍然保持着继续集中的趋势。

3. 城市间的产业孤立发展导致整体实力不强

在产业发展上，城市之间的依存度不高，经济落差大，城市功能定位不明确。中心城市与周边城镇的产业发展矛盾难以协调，中小城市的支撑产业

普遍不强，第三产业发展不足，高新技术产业、信息产业、现代服务业等新兴产业不同程度地发展滞后。

4. 地方保护主义问题突出导致整体发展不利

在行政管理上，各城市间大都处于无序竞争、各自为政的状态，而不是有序合作和协调发展。

（二）城镇空间协调发展的思路

1. 经济社会健康发展是实现城镇空间一体化的外部环境

城镇空间一体化发展要以人为本。一要采取各种措施为人类创造一个良好的生产、生活环境。因此，国家要保护农业、建立自然保护区、在新城建设中引入农业景观、维持生态平衡，使人类可以更好地生存和发展。二要提高人民素质，增强责任感，提高可持续发展的意识。

2. 统筹规划是实现城镇空间一体化的前提

城镇统筹规划始终是政府实现城镇发展宏观调控的重要的工具。打破行政界限，建立有效的区域协调机制，应该既注意城镇之间的经济、社会与环境的协调发展，又注意城市发展与资源配置和产业结构变化的紧密联系，从城镇区域整体的角度进行统一规划，实现城镇空间一体化。

3. 发挥政府职能是实现城镇空间一体化的关键

在中国现实国情下，统筹城镇空间协调发展离不开政府对小城镇的扶持和保护。政府对小城镇建设的参与及支持程度，深刻影响着社会参与度和农村面貌改变程度。解决城镇多元空间结构问题，从我国所处的国际、国内环境来看，必须依靠政府的积极作为，采取强有力的措施来支持小城镇的发展，提高小城镇的生产能力和竞争水平。

4. 推进农业产业化是实现城镇空间一体化的途径

农业的健康发展是推进工业化和城镇化协调发展的基础和前提。由于农村往往处于城镇之间，若存在农村经济洼地，则很难实现城镇空间的一体化。

我国应进一步从具体政策上加强对农产品结构的优化调整，大力推进农业产业化经营，提高农业比较收益和综合效益，推进传统农业向现代农业转变，进一步推进新农村建设。

5. 完善社会保障制度是实现城镇空间一体化的基础

城镇一体化的社会保障制度，缩小了城镇间的差别，对大城市人口和产业分流具有重要的作用。中央和地方政府应多渠道筹措社会保障资金，形成全覆盖、多层次、可持续、高效率的社保体系，通过城镇一体化建设，实现社会保障关系跨省市转移接续，不断完善城镇基本养老保险制度、基本医疗保险制度和社会救助制度等。

五、城镇空间规划须符合城镇综合效益提升的需求

随着经济社会的不断进步及后工业化时代逐渐到来，城镇的性质已经悄然发生了变化。城镇不再仅仅是一个生产中心或生产空间，而更重要的是人类的生存空间和文明传承的空间。

面对时代的变革和城市性质的变化，我国的城镇规划与发展需要从“生产中心”和“生产服务中心”向综合性的“生产中心”、“生活中心”和“文明中心”转变。要把城镇建设成为生产力发达，适宜人类居住，环境优美，文明得到继承和发扬的社会空间。在城镇规划和建设中要抛弃“唯生产空间”的思想，更加注重合理利用城市空间，注重城市的可持续发展，注重人居环境和城市环境的改善，注重文明的继承和发扬，综合考虑生产、生活和环境建设的关系，综合考虑生产设施、生活设施、文化设施的配套，注重各种设施建设的区域平衡，构建一个“人与城和谐”的社会空间。

第五节　在城镇化过程中不断优化产业布局

一、产业布局对城镇化进程的影响

中共十八大报告中提出的新型城镇化道路，既不同于传统现代国家实现的城市化集中推进的模式，也不同于近20年来我国已经进行的以房地产带动城市化发展的模式，它主要突出“人”和“生态”要素，体现可持续和生态文明特质。

我国要实现健康、文明、可持续发展的内涵型城镇化建设，必须树立以产业优化布局为基础的战略定位。据统计，2013年全国城镇化率为53.73%，如果按照2030年的发展目标，将城市化率逐渐提高到70%，那么如何解决就业、医疗、卫生、文化娱乐、教育和环境治理问题便是关键，这些都需要用产业发展来解决。只有根据各地产业状况，因地制宜，科学规划，形成可持续发展的产业基础，才能聚人、聚财，才能奠定实现安居乐业的城市化社会的基础。分析认为，通过下面四种类型的产业优化布局，可以引领我国的内涵型城镇化建设顺利开展。

首先，优化工业结构，实现集中工业园区带动城镇化发展，这也是我国东部经济发展较快地区内涵型城镇化建设的主流模式。对于工业发展有基础、有实力、有特色的城镇，淘汰“三高一低”企业。通过建立统一集中型工业园来强化生态治理，形成就业、财税、生态环境可持续发展，在此基础上进行城市基础设施投资与建设、社会保障体系建设、精神文明建设，实现以工业化推动美丽城镇发展的理想。

其次，对于中西部山区、海岛等自然条件较差的地区，通过特色农、林、牧、渔综合加工贸易带动城镇化发展。这些地区应利用山好、水好、空气好的优势，在农村发展特色农、林、牧、渔的种养植（殖），在城镇形成集特色加工、仓储配送、商业贸易于一体的产业链集成模式，既保护当地环境，又能将农村与城镇通过产业链密切相连，形成有特色的城镇。

再次，中心城市附近区域可采取旅游休闲、都市生活供应商模式。利用区位优势，在发展原有产业的基础上，将着力点放在旅游、休闲、度假等生活消费项目的投资上，成为大城市、中心城市居民外出消费之地。例如临安市的天目，武义的郭洞等已成为都市生活供应商风情小镇。目前北欧一些国家的城市化就实行这样的模式，可供借鉴。

最后，生态环境较好、交通便利的乡镇，可以走养老生活小镇发展模式。可与大医院合作，规划建设具有经济效益和社会效益的养老小镇，如富阳受降镇、余杭长乐镇等。这样既可带动相关产业的发展，又可促进当地就业，提高人民生活水平。

二、内涵型城镇化过程中的区域协调发展

（一）区域协调发展内容

区域协调发展是中共十六届三中全会提出的“五个统筹”之一。这是我国坚持实施推进西部大开发，振兴东北地区等老工业基地，促进中部地区崛起，鼓励东部地区率先发展的区域发展总体战略。具体内容为：继续发挥各个地区的优势和积极性，通过健全市场机制、合作机制、互助机制、扶持机制，逐步扭转区域发展差距拉大的趋势，形成东、中、西相互促进、优势互补、共同发展的新格局。

中共十六届五中全会审议通过的《中共中央关于制定国民经济和社会发展第十一个五年规划的建议》中进一步提出，促进城镇化健康发展，坚持

大、中、小城市和小城镇协调发展，提高城镇综合承载能力；继续发挥珠江三角洲、长江三角洲、环渤海地区对内地经济发展的带动和辐射作用；继续发挥经济特区、上海浦东新区的作用，推进天津滨海新区等条件较好地区的开发开放，带动区域经济发展。落实区域发展总体战略，促进区域协调发展，形成分工合理、特色明显、优势互补的区域产业结构，推动各地区共同发展；加大对欠发达地区和困难地区的扶持，改善中西部地区的基础设施和教育、卫生、文化等公共服务设施，逐步缩小地区间基本公共服务差距；加大对革命老区、民族地区、边疆地区、贫困地区以及粮食主产区、矿产资源开发地区、生态保护任务较重的地区和人口较少民族的支持；支持经济发达地区加快产业结构优化升级和产业转移，扶持中西部地区优势产业项目，加快这些地区的资源优势向经济优势转变，鼓励东部地区带动和帮助中西部地区发展，扩大发达地区对欠发达地区和民族地区的对口援助，形成以政府为主导、市场为纽带、企业为主体、项目为载体的互惠互利机制，建立健全资源开发有偿使用制度和补偿机制，对资源衰退和枯竭的困难地区经济转型实行扶持措施。

（二）区域协调发展对城镇化发展的作用

坚持区域协调发展原则，有利于促进我国城镇化健康发展。坚持大、中、小城市和小城镇协调发展，提高城镇综合承载能力，按照循序渐进、节约土地、集约发展、合理布局的原则，积极稳妥地推进城镇化，逐步改变城乡二元结构。其具体的指导任务包括以下四点：

1. 分类引导人口城镇化

对临时进城务工人员，继续实行亦工亦农、城乡双向流动的政策，在劳动报酬、劳动时间、法定假日和安全保护等方面依法保障其合法权益；对在城市已有稳定职业和住所的进城务工人员，要创造条件使之逐步转为城市居民，依法享有当地居民应有的权利，承担应尽的义务；对因城市建设承包地被征用、完全失去土地的农村人口，要转为城市居民，政府要负责提供就业援助、技能培训、失业保险和最低生活保障等。鼓励农村人口进入中小城市和小城镇定居，特大城市要从调整产业结构的源头入手，形成用经济办法等控制人口过快增长的机制。

2. 形成合理的城镇化空间格局

要把城市群作为推进城镇化的主体形态，逐步形成以沿海及京广、京哈线为纵轴，长江及陇海线为横轴，若干城市群为主体，其他城市和小城镇点状分布，永久耕地和生态功能区相间隔，高效协调可持续的城镇化空间格局。已形成城市群发展格局的京津冀、长江三角洲和珠江三角洲等区域，要继续发挥带动和辐射作用，加强城市群内各城市的分工协作和优势互补，增强城市群的整体竞争力。具备城市群发展条件的区域，要加强统筹规划，以特大城市和大城市为龙头，发挥中心城市作用，形成若干用地少、就业多、要素集聚能力强、人口分布合理的新城市群。人口分散、资源条件较差、不具备城市群发展条件的区域，要重点发展现有城市、县城及有条件的建制镇成为本地区集聚经济、人口和提供公共服务的中心。

3. 加强城市规划建设管理

规划城市规模与布局，使之符合当地水土资源、环境容量、地质构造等自然承载力，并与当地经济发展、就业空间、基础设施和公共服务供给能力相适应。加强城市水源地保护和供水设施建设。缺水城市要适度控制城市规模，禁止发展高耗水产业和建设高耗水景观。地下水超采城市要控制地下水开采，防止地面沉降。城市道路以及供排水、能源、环保、电信、有线电视等的建设，要破除部门和地方分割，在统一规划基础上协同建设，减少盲目填挖和拆建。加强城市综合防灾减灾和应急管理能力建设。稳步推进城市危旧住房和“城中村”改造，保障拆迁户合法权益。城市规划和建筑设计要延续历史，传承文化，突出特色，保护民族、文化遗产和风景名胜资源。强化城市规划实施的监管，推进城市综合管理，提高城市管理水平。

4. 健全城镇化发展的体制机制

加快破除城乡分割的体制障碍，建立健全与城镇化健康发展相适应的财税、征地、行政管理和公共服务等制度。完善行政区划设置和管理模式。改革城乡分割的就业管理制度，深化户籍制度改革，逐步建立城乡统一的人口登记制度。

三、内涵型城镇化下的产业转型与空间发展

（一）城市产业结构与空间结构的关系

第一，产业结构的转型与升级是空间结构重构的动力。城市规划的重要目标之一就是经济的发展。产业转型后，发展重点的转移会带来空间结构的相应变化，相对应产生了各个产业发展时期不同的城市空间结构。一方面，不同的产业需要不同的空间支持；另一方面，由于科学技术和社会经济条件的不断发展，产业在不同的时期有着不同的特点，对具体的空间支持也有不同的要求，如工业化初期极核式的空间结构、工业化后期网络式的空间结构等。

第二，城市空间结构在一定程度上反映产业的分布特征，并且空间结构会对产业的发展产生反作用。城市空间结构是城市各组成要素在空间上的分布状况，其中包括产业结构在空间上的分布。无论是传统还是现代的空间结构，都离不开产业的空间分布。空间结构对产业结构的反作用表现在两个方面：一是城市规划形成的各空间的不同分区，从政府层面形成了产业的集聚与扩散；二是各企业在追求自身利益的基础上，寻找交易成本最低的地方，在一定的、原有的城市空间基础上，形成产业的集聚与扩散。

第三，产业和空间的互动最大程度地反映在土地上，而城市产业布局最

明显的标志是土地的利用类型。城市产业结构和空间结构的重构，大部分反映在城市土地利用类型的转变上。在过去粗放式经济增长方式下，土地价值并没有引起足够的重视，但是在现代经济条件下，城市空间扩张，土地的价值越来越凸显。有限的土地资源，必须附着上最高效的产业，形成最为合理的产业空间分布状态。

（二）城市产业结构转型与空间结构重构的案例分析①

1. 哈尔滨市工业用地调整规划案例分析

（1）中心城区工业搬迁状况分析。

哈尔滨中心城区的工业用地调整始于1996年，中心城区在高速发展中也产生了一些问题：城市边缘土地扩展功能单一，呈无序式蔓延；旧城区内倒闭和土地闲置企业衰败区等综合环境差，土地利用低效；各类药厂、化工、建材厂等污染城市空气、水体；边缘区社区功能单一，新产业导入不足，各类专业化服务设施不健全，社区配套商业服务规模不足、布局不均衡。搬迁改造以来，中心城区内许多污染严重、工艺落后的企业已经关闭或搬迁，总数达200多家，置换用地500多公顷。其中心区繁华地带的搬迁改造收到了良好的综合效益。2004年以国有企业改制为目标，实施二环以内50户企业的搬迁改造规划，加快了哈尔滨市老工业基地改造的步伐，有效地推进了企业改制的进程。在经济结构的快速转型期，城市中心区的第三产业和城市边缘的工业园区得到空前的发展。

（2）产业转型升级带来的城市空间重构。

随着中心城区工业企业向城市外缘搬迁，第二产业在城市经济的比重下降，高新技术产业的比重不断上升，行业类型逐步由劳动力密集型向技术密集型与资金密集型方向升级。第三产业方面，以信息技术为基础的生产性服

① 此部分案例为笔者根据工作实践自行整理。

务业的产值和就业比例显著提高，成为新的主导产业。全市在经济结构调整过程中，充分发挥信息产业对提高工业化程度的主导作用，带动制造业的全面升级，成为了全国重要的计算机部件、敏感技术、智能化仪器仪表科研和生产基地。

在城市经济结构转型的同时，城市空间结构也相应地进行着重构，它促进了城市功能分区的融合和土地使用的兼容化。工业在向城市边缘的工业园区和高科技园区集中，城市中心区传统的生产功能逐渐可以和流通功能相融合，商业和工业功能边界的消失使得两者的土地使用出现兼容化特征。近年来的城市建设中，哈尔滨市将城市中心区效益差、污染严重和阻碍城市交通的工业企业有步骤地进行了搬迁。置换出的城市中心用地经过城市规划的调整与修改，用于开发商业、住宅、增补城市道路和修建城市绿化等项目，收到了良好的经济与社会效益。

2. 青岛市工业用地调整规划案例分析

（1）青岛工业发展现状分析。

纵观青岛城市发展和空间演变的历程，建制后的一百余年里，青岛空间扩张和产业布局的重点一直放在胶州湾东海岸。20 世纪 90 年代中后期，城市发展的重心开始向胶州湾西海岸转移，空间扩张和产业布局呈现出东西并重的态势。进入 21 世纪，随着城市化和工业化进程的加快，高度聚集的资源必须向外疏散，以克服城市拓展的不平衡，增强产业及城市功能的聚集与辐射作用。因此，环胶州湾地区作为城市最重要的战略发展空间，必将成为衔接几大中心的重要功能空间。历史上青岛市产业发展与空间布局存在着几大问题：

第一，产业层次低，增长动力差。目前环湾区域产业面临的主要问题是发展阶段滞后，层次低，增长动力不足。但胶州湾独特的空间区位，要求其承担起环湾整合、区域统筹的历史责任，进而服务于半岛城市群乃至更广泛区域，所以必须实现产业转型，寻找新的突破点。

第二，设施配套分布不均衡。青岛重要公共设施大都集中于滨海沿线，中心功能过于集中，空间分布极不均衡，环湾其他区域无论在基础设施建设、公共设施配套还是人居环境等方面都与东部滨海沿海存在差距。

第三，交通面临半岛向环湾的结构性转变。随着青岛港西迁及环湾高速、胶黄铁路形成，导致原有尽端式交通结构面临由半岛向环湾型的结构性转变，东西不通、南北不畅、“青”“黄”不接的交通供需矛盾加剧。

第四，空间布局及形态存在问题。主要包括：部分高耗能、高污染产业分布在近胶州湾地区，占据优良区位，更给胶州湾的生态造成威胁；中心城区建筑群体的系统组织不足，形态特征不显著；环湾高速割裂城市与海岸的景观联系；东岸滨海广场公共开放性及规模不足，不能吸引公众享受胶州湾景观资源。

（2）青岛产业转型与空间重构的总体思路。

青岛作为环渤海的重要城市，面临东亚区域经济一体化以及新一轮国际产业转移的机遇，应发展大贸易，推进大物流，加快商流、物流、信息流、资金流在东亚经济核心圈层的优化配置，担当起环渤海经济区中日韩自由贸易区的桥头。同时，青岛作为胶东半岛高端产业聚集区，应当依托城市优势，成为国家重要的区域性贸易中心、航运中心、旅游中心、金融中心、高新技术产业中心、科技研发中心，带动半岛城市群高端产业聚集区的发展。此外，21 世纪是海洋世纪，青岛应顺应海洋产业发展大趋势，建设成为山东半岛蓝色经济区的核心区、中国蓝色经济发展的先行区、海洋自主研发和高端产业的集聚区、海洋生态环境保护的示范区，占据 21 世纪国家战略性产业高地位置。

由此可见，未来青岛的核心区域——环湾区域产业转型与空间重构的总体思路为：通过资源结构调整、主导产业更替、低端产业迁移、高端产业引入等多轮驱动方式，发展无污染、高附加值、低能耗的高端产业，同时，通过产业及相关要素的布局调整，实现城市空间结构的合理性、高端性、衔接性。也就是说，不仅要结合自身的资源优势、产业基础、空间区位，进行有效的延伸、衔接和扩展，同时要考虑与外围城镇的协同发展。因此环湾区域的产业转型与空间结构调整应以青岛、黄岛、红岛为中心实现一体化发展态势，并依托交通廊道向胶南、胶州、平度、莱西、崂山五个方向轴向发展、圈层放射、生态相间，构筑可持续发展的大青岛格局。

3. 荆门市工业用地调整规划案例分析

（1）城市产业发展现状分析。

荆门市位于湖北省中部，累托石、石膏和石灰岩等矿产资源丰富。20 世纪 60 年代，荆门市抓住“三线建设”机遇，由单一的农业经济大县逐步成长为重工业城市。1970 年焦柳铁路通车，国家在荆门市投资兴建了荆门炼油厂、宏图机械厂、三三零水泥厂和荆门热电厂等大型企业，奠定了荆门市工业发展的基础。经过多年的发展，荆门市形成了以石化、磷化和建材等为主导的产业结构。然而，随着社会经济的发展，荆门市过分注重资源开发和生产功能的发展模式在新时期出现了诸多问题：

第一，2008 年荆门市三大产业比例为 24. 8∶39. 8∶35. 4，作为一座工业城市，其第一产业比例明显过高、第二产业明显比重偏低，工业化推进进程缓慢。从工业内部结构看，高新技术产业缺乏。

第二，产业发展就业吸纳能力弱，城镇化推进进程缓慢。2000 年和 2010 年的荆门市城镇化率分别为 42. 3% 和 46. 2%，十年间仅提高了 4%。

第三，城市功能长期服务于重工业，导致城市环境品质不高、城市服务功能发展缓慢，成为城市发展的“瓶颈”。

从发达城市或地区的历史经验与教训看，依托重（化）工业的城市发展到一定阶段，由于环境污染和地区带动作用的下降，城市转型压力日益增大，开始寻求环境更友好、附加值更高的新型工业，并大力发展金融、信息、物流等行业。因此，改变过于依赖重工业的单一发展模式，积极培育城市服务功能，已经成为荆门市可持续发展的必然要求。

（2）城市功能转型方向选择。

第一，从重工基地到先进制造业城市。在全国产业结构升级转型、产业类型逐渐向高新技术产业深加工产业发展的背景下，荆门市的产业必须加快转型升级步伐，从重工基地向先进制造业城市转变。石化、磷化等重（化）工业未来仍会在荆门市的工业发展中处于重要地位，但这些产业应大力向产业链下游的深加工环节发展。荆门市未来的工业增长将主要集中在新型产业：一是充分利用区位优势吸引沿海产业转移；二是积极响应产业发展趋势，培育潜力新兴产业。从荆门市已有工业基础看，通用航空产业、核能、新材料及生物医药等都是潜在的新型工业选择。

第二，从生产加工中心到生产服务中心。随着经济社会的发展，区域中心城市的“联系枢纽”作用日益凸显，成为区域内各类企业的总部基地、营销中心、研发中心及各类生产性服务业的汇聚地，承担起管理和控制周围生产基地的职能。荆门市必须大力加强服务功能的培育，增强城市辐射能力，引领区域发展，实现从地方性生产加工中心向区域性生产服务中心的转型。

第三，打造区域社会服务与休闲游憩中心。随着经济社会发展，人们更加注重居住和生活的品质，追求城市的人文氛围、宜居品质，这就要求城市积极发展文化娱乐、休闲游憩等生活服务职能。在休闲经济浪潮下，强化生活服务功能和休闲游憩功能，打造区域社会服务与休闲游憩中心，已经成为荆门市增强区域辐射能力和吸引力的必然选择。

（3）城市空间结构调整。

荆门市的城市空间既受到山体阻隔，又受到焦柳铁路、荆沙铁路等线路的分割，如何缓解城市交通压力，是其城市发展必须解决的问题之一。城市未来的空间结构调整要倾向于组团，依托交通轴线有序发展，充分考虑荆门市的地形特点，采取“轴向延伸、组团发展”的模式，即城市空间沿交通轴线向外拓展，沿线依次开发城市组团，组团间以生态廊道分隔。这种扩展模式具有较大的开放性，有利于保持原有的生态格局，控制城市规模，促进土地的集约利用，也有利于分期开发，是整合、集聚荆门城市空间的合理选择。

第六节　探索不同地理特征下的多样性规划模式

一、地形特征对城镇空间结构的影响

（一）城镇空间规划中地形分析的意义

地形是地物和地貌的总称，是对地表的高低起伏，如山、丘陵、江河、建筑等地物的表达。地形地貌分析是城市规划中的重要内容，与土地利用现状、建筑质量现状、区位交通现状、风貌现状、基础设施分析相并列，是城市规划的基础分析之一。地形地貌分析在城市规划的不同时期都有非常广泛的应用，其对城市规划的影响也是广泛的。从宏观尺度的城市选址、城市布局、功能区组织到微观尺度的道路管网、景观组织等，无一不受地形地貌的影响。可以说，地形地貌分析对城市规划的影响无处不在。

（二）地形分析的相关因子介绍

1. 高程分析

高程分析能够直观地反映规划区地势的高低，能大致确定区内的排水方

向及排水分区，能初步判断适宜建设区以及道路的选线及可实施性。

2. 坡度分析

坡度是用地评定中非常重要的因素，确定城市建设用地及道路交通选线的坡度选择标准，首先应将用地的坡度进行分级，并按城市建设用地在各类地形地貌地区中对适宜坡度的要求予以分类，同时，还可以依据城市各类建设用地坡度要求加以规范控制。坡度表示局部地表坡面的倾斜程度，直接影响着地表物质流动与能量转换的规模与强度，是制约生产力空间布局的重要因子。

3. 坡向分析

坡向是决定地表局部地面接收阳光和重新分配太阳辐射量的重要地形因子之一，直接造成局部地区气候特征的差异，同时，也直接影响到诸如土壤水分、地面无霜期以及作为生长适宜性程度等多项重要的农业生产指标。因为植物有些喜阳、有些喜阴，结合坡向分析，可以更加合理的确定植物栽种的区域，如果进一步了解村庄的土壤、岩性等条件，可以确定作物生长适宜性程度，将会有利于村庄的农作物或生态规划，以及城市范围内行道树等植物选取规划。同时坡向影响到建筑的采光与通风问题，如在炎热的南方地区，住宅适合建在面对主导风向、背对日照的地方；而寒冷地区则希望背对主导风向、面对日照的坡面。

4. 洪水淹没分析

洪水淹没分析在城市规划编制前期分析中必不可少。如利用 GIS 软件能够快速地生成洪水淹没的区域，避免城市建设中洪水的威胁。利用 GIS 能够对地形特别是山地地形进行河网模拟及排水分区，统筹考虑河流及排向，引导其河流合理排水，避免山洪对建设用地造成损害。

5. 剖面分析

剖面分析较多地应用在场地平整、景观分析中，例如：场地平整中通过地形的剖面分析，可以大概了解哪些区域需要开挖，哪些区域需要填挖。

6. 通视分析

通视分析在城市规划中有较为广泛的应用，它是指以某一点为观察点，研究某一区域通视情况的地形分析。通视分析的基本内容有两个：一个是两点或者多点之间的可视性分析；另一个是可视域分析，即对于给定的观察点，分析观察所覆盖的区域。这项分析的作用是为了保护重要景点和重要景观视廊的通视和适宜的空间尺度，保持空间和自然环境的和谐，以空间形态规划为依据，结合古城历史街区、历史建筑保护的要求，进行建筑高度控制的规划分析。此外，通视分析在城市规划区内设置雷达站、电视台的发射站及道路选择、铺设通信线路等项目中都有应用。

二、平原地区的城镇空间规划模式

平原地区是自然条件比较均一的地区，城镇发展“门槛”较少，城镇可以同时向各个方向扩张，城镇形态有一定的独特性，可以总结为以下特征：

（一）城镇多呈棋盘状

平原地区城镇的形态多呈棋盘状，尤其在我国华北大平原地区，这种城镇形态较为普遍，这种城镇建设模式是深受我国传统历史文化影响的，其基本思想为：街道把城区分割为许多相同的长方形街区，良好的地形条件可以让城镇自由地向各个方向发展，这一方面有利于交通组织，另一方面，方格网状道路划分的地块比较整齐，也利于用地安排。标准化的土地规划为标准化的建设提供了条件，人们可以轻松地丈量、分配、出售土地。

当然，棋盘形城镇的规模实际上是受到限制的。城镇不可能无限向外发展而丝毫不影响城镇中心区域的建设和城镇布局，而城镇中心的出现势必对平均发展的道路造成压力。如果所有街道都是均等修建，传输会发生意想不到的变化，并对每个街区产生不必要的影响。如果没有对角线式的斜向交通，对角线方向的城镇交通就要耗费周折。

（二）生长轴线明显

平原地区通常都是曲水流觞、河网密布。由于水运的便捷性，平原地区的城镇在建设之初大多依河而建、因水而兴，滨河地区是城镇最繁荣的地区，城镇沿河生长。但是随着汽车的发明，公路运输快速灵活，其竞争优势越来越明显。平原地区地势平坦、工程地质条件良好，公路建设成本相对较低，公路运输快速发展，水运随之迅速衰弱，随之而来的便是沿河地区普遍开始衰败，城镇开始沿着新的生长轴线——公路快速发展。

（三）城镇形态趋方近圆

城镇在建设发展初期往往沿主要交通轴呈外延式发展，但是发展到一定程度后，就会因为轴线拉得太长，导致轴向发展不经济。为了减少道路、管网等基础设施的投资，城镇就会在几条主要发展轴线之间填充，开始紧凑发展。城镇发展是越紧凑越经济的。平原地区的城镇，由于其独特的地形条件，城镇发展几乎没有什么限制，因此可以尽量紧凑、经济地发展。而圆形城镇是相同面积的城镇中与自然环境的接触程度最大的城镇，是真正“最低消耗、最大生产”的城镇。所以平原地区的城镇为了能够最大限度地发挥城镇的集聚效应，在经济意识的潜在支配下，在建设发展成熟时期，其形态基本都呈圆形或相似圆形形态。城镇规划师在对城镇进行规划时也总是遵循这种规律。

（四）形成一定的主导发展方向

随着经济全球化和区域一体化的深入与发展，城镇之间的联系越来越紧密，城镇必须与区域内其他城镇相互合作、相互竞争、共同发展。在这种情况下，城镇的发展就会有一定的导向性，即沿着城镇间引力的方向发展，因此即使是平原地区的城镇，也会向着一个或几个主导方向发展，而不是四面开花。城镇向这个方向发展到一定程度以后，由于受到基础设施“瓶颈”等原因，限制受到的发展阻力会越来越大。当引力和阻力的合力为零时，城镇就停止向这个方向发展，并逐渐向其他方向填充，进入内涵式发展时期，最终使城镇形态趋于方形，接近于圆形。接着，城镇在稳定一段时期后，积蓄力量开始新一轮的发展。

（五）仍然会遇到一定的“门槛”

“门槛”包括地质性灾害（如地面下沉）、江河阻隔、区域性交通轴的影响（如高速公路、铁路等）。根据“门槛理论”，城镇要跨越“门槛”发展，需要一大笔投资。这就要求城镇具有相当的实力，因此在经济实力没有达到一定程度之前，城镇发展的形态将会受到一些影响，但是当城镇经济发展达到有实力跨越“门槛”后，在经济规律的作用下，城镇发展将会跨越“门槛”向最经济的方向发展。

三、山地丘陵地区的城镇空间规划模式

我国的山地丘陵地区占国土面积的70%，而山地丘陵地区的城镇空间规划也具有代表性，根据山地丘陵城市所处的地理环境及其自然地形特点，归纳出山地丘陵城市空间形态具有以下五种：点聚团块型、带型、组团型、串联型、复合型。

（一）点聚团块型空间形态

当山地丘陵城镇发展规模较小，并且还没有受到地形限制，或受地形限制力较小时，城镇发展呈现一种集中紧凑的点聚团块型空间形态。这时，城镇的发展更多地遵循平原城镇的发展规律，一直到受到地形约束为止。城镇

平面比较规整，建于圆状、点状地形或坡度较小的带状地形之上，形状特征一般为圆形、扇形及其变异体椭圆形、准矩形等，这种结构形态多见于一般小城镇或城镇发展的初期。

这类城镇的形成发展带有自发性，是传统聚落空间形态中常见的空间形态。城镇规模较小，城镇空间发展处于集聚阶段，城镇集聚能力有待加强，城镇辐射腹地较小。人口和建成区在一定时期内比较稳定，主要城镇活动中心多处于平面几何中心附近，属于一元化的城镇格局。

（二）带型空间形态

在山地丘陵地区，由于受高山、峡谷和江河等自然条件的限制，城镇多沿江河的一侧或两侧沿岸、沿谷地的狭长地带伸展，形成带状的布局结构。这种形态结构特征主要是结合自然地形向长向发展，并以一条主要的交通干线为主轴，贯穿全城，城镇平面结构与交通流向方向性较强。城镇规模不会使城镇各部分均能接近周围自然生态环境，空间形态的平面布局和交通流向组织比较单一。除了一个主要中心之外，往往需要形成分区次一级中心，从而形成多元化的规划结构。

但是这种布局形态的城镇，其发展规模必须根据用地条件加以合理控制。城镇市区主轴不宜拉得太长，规模不宜过大。否则，将使工业区与居住区形成交错布置或使前后各部分的交通联系发展困难。城镇公共活动中心应该布置在适中地段或接近几何中心，使各区的人流都能方便地到达。在城镇用地布局时，不宜将工业和对外交通设施用地布置在两端从而封闭城镇伸展轴，要保持城镇结构的开放性，为将来发展留有余地，使这种空间形态具有更大的灵活性。

（三）组团型空间形态

由于受山地、丘陵、江河、河谷等自然地形的影响，城镇不能集中连片地建设，而是结合地形条件分成几块，呈组团式的分布。城镇用地被河流、山脉分隔成几个有一定规模的分区团块，有各自的中心和道路系统。团块之间有一定的空间距离，中间以森林绿廊或水体蓝带，各团块之间由较便捷的联系性通道连接，组成一个城镇实体。这种形态属于多元性复合结构。这种城镇既可以具有较高的效率，也可以保持良好生态环境。

（四）串联型空间形态

在山区，或由于丘陵蜿蜒起伏，或由于河道弯曲转折，有的城镇会形成一个以中心城镇为核心，若干个城镇连续分布的城镇群，城镇之间保持有较大的间隔距离，并由公路、铁路或河流将它们串联起来。这种分散布局的城镇群形态，能够灵活地适应地形的变化，使城镇的结构具有较大的伸缩性，城镇继续发展也不易连成一片。由于各城镇之间保持了较大的间隔距离，城镇周围有大片农田、绿地或丘陵，有良好的生态环境。

（五）复合型空间形态

经济比较发达、自然条件比较复杂的大中型山地丘陵城镇，城镇结构往往呈复合式的发展形态，即城镇形态是多种形态的复合。城镇居民点由中心城镇逐步向周围地区作跳跃式分布。这是“有机松散、分布集中”的典型布局结构。一方面，城镇化发展的阶段性决定了城镇集聚发展的必然性，这是客观规律。集聚必然带来人口膨胀、用地扩展。另一方面，山地环境无论是在用地建设条件还是生态环境容量上都不能满足城镇无限制的自由扩张。要解决这一对山地丘陵城镇发展中的矛盾，“有机分散、分片集中”是一种适宜的理想发展道路。

这一发展模式的主旨是：在总体布局上，城镇或城镇群应根据山地地形特征、用地条件以及交通发展轴、区域经济分区、产业布局等，采取疏密有致的分散结构；而对于每一个组团的发展却要求集中紧凑，它包括布局结构的紧凑性、土地利用和建设方式的集约化等。从总体上看，城镇是一个低密度的分散结构，而每一个组团却是紧凑的。随着今后工业化和城镇化的进一步发展，这种有机疏散、分片集中、就地平衡的复合式布局形态将会越来越显示它的时代适应性和强大的生命力。

第四章 内涵型城镇化中的旧城改造

第一节 内生式发展是城镇发展的常态

当前我国城镇化过程中，热衷造城有余，而重视营城不足。其实在整个城镇发展史上，造城是事件，营城才始终是常态。

一、造城只是一个事件

我国当前的造城运动规模之大，速度之快，不但世界罕见，而且旷古稀有。究其原因，说起来与中国城市文明传统有一定关系。中国古代城市文明起源较早，成熟很早，西周时期便已形成了营城建国的一整套理念方法。较早熟练掌握了城市规划理论方法的中国人，造城相当有一套。每当攻城略地、改朝换代之时，城市都有可能一夜之间废旧建新。《三国演义》中有一段情节，马超兄弟反西凉，曹操征讨之。正值严冬，大战之中双方均处荒野。马超命人筑城防守，无奈黄土沙性过大，实在筑不起来。有人出主意浇着水筑，果然一夜之间筑起一座坚硬无比的冰城，城墙坚硬而光滑，任何攻城工具也用不上，曹操无奈之下退兵。除此之外，史书上记载的关于毁城、造城的大事件也很多，如火烧阿房宫、刘秉忠主持修建元大都、徐达重建北京城等，但是营城作为一个渐进、持续、长期的过程，由于古代缺乏专门的城市发展史，所以往往不会去过多描绘。

目前，我国有城市658个，建制镇近2万个，大部分属于在历史城址基础上继续发展起来的城镇，增加的部分也大多是在原有基础上兴建的，如县城（镇）改市、乡中心村改镇。真正的平地而起的城市也不是没有，如大庆、深圳，但也有47个城市并入设区的城市改为区。总的来说，全国城镇数量比古代留下的数量只少不多，换句话说，包括选址在内的完整造城过程很少再发生过，我们实际上是在继续经营原有的城镇。

大规模造城行动中，建设新城是最接近古人造城行为的一种。新城一般在现有市区以外，有的接壤（一般称为新区），有的不接壤（习惯称为新城）。虽然选址范围不会太大，但它也存在一个选址的问题，需要规划去解决。同时，新城建设毕竟只是一个事件，一般三五年基建就能完成，全部城区建设也不过一二十年就完成了，而后续发展肯定不是一二十年的事情，规划者一般都是希望它永续发展下去的。事实上，新城规划得到上级批复的时候，重点解决的也是后续发展的问题。前期投入建设都好办，有钱就有一切，可是建起来怎么办？能不能稳定运营下去？能不能自我发展？这些问题不解决，就没有人会相信新城建设的必要性和可行性。

二、营城是常态

营城的含义有三层：营销城镇、经营城镇、运营城镇。

营销城镇，此概念来自城市营销。营销最早用于企业经营管理，即以销售工作为中心的一系列企业经营战略和行为。企业营销在西方市场经济国家中很早就成熟了。重视营销也是现代企业制度的一个典型特征。城市营销这个概念不但比企业市场营销出现得晚，也比现代营销之父菲利普·科特勒提出的国家营销概念要晚。城市营销正是在国家营销基础上继续衍生出来的概念。城市营销把城市整体看作一个企业，把城市能为市民、投资者及来访者提供的价值称为城市产品。城市竞争力就取决于城市产品的生产能力及其质量对顾客的吸引力。可以说，城市营销理论仍然是以产品为中心，以经典4P理论来解释和构建的城市运营系统。这在成熟的市场经济社会中具有一定的可行性。

经营城镇，若理解为广义也可以，即不只是从经济上运营，而是全面地经营。在企业管理学中，营销是包括在经营工作中的，即主要是企业面向外部环境、适应外部环境所做的长期性工作。因此，经营城镇比营销城镇含义略大，但仍然是市场经济概念。

运营城镇，则力图摒弃市场经营和企业管理的范式，以系统论的姿态审视和促进城市发展。从目前人们对城市的认识水平来看，这样的认知仍然代表着人类社会对城市最高、最深的理解水平。在工业时代，以柯布希耶为代表的西方现代主义规划学派曾经把城市看作机器，城市的各个部位、功能区、设施、建筑均被看作机器的零件，城市规划的目标就是把机器的零件制造好、安装好，让它能够精准、高效地运转。但运转显然不是运营，只把城市看成机器，缺乏了社会应有的多样性、丰富性和人文关怀。现代主义理论虽然只是注重城市的硬件系统，但却为运营城市提供了用系统论认识城市的基础。20世纪40年代以后，系统论的迅猛发展与城市的飞速发展几乎同步，这两者也就不期而遇。从此，以包含竭尽人类想象力所能认识到的城市事物在内的大系统进入了城市规划和理论研究的视野，城市发展的最高目标也就成了如何使城市的一切都能够纳入一个庞大而协调、有序的系统中去。实现这一目标主要有三个环节，一是城市规划，二是城市建设，三是城市运营。

由此可见，营销城市、经营城市、运营城市这三个概念先后出现，其含义一个比一个丰富，可以认为运营城市是其中的最高升级版本。

城市规划的本质就是计划，以已经发现并掌握的客观规律为基础，对城市的未来发展事先进行预设，以尽量避免发展中的混乱、无序和浪费现象。一般规划是周期性的，比如北京城市总体规划的规划期限一般是10~20年，修编周期则在10年左右。规划不可能每时每刻地在进行中，那样的规划无法实施，甚至会严重干扰城市建设及市民的生活。城市建设大体相当于制造，建筑业本质上也属于工业。建筑都是有寿命的，一般数十年到数百年不等，也不可能是连续的。欧洲大部分建筑在“二战”中被毁坏，基本上是在战后美国“马歇尔计划”支援下重建的，到20世纪60~70年代重建基本完成，大规模建设活动也就基本停止了，因此，现在的欧洲很少看到工地。而城市运营则是连续的，不论是规划中、建设中还是建设完成后，城市运营一刻都不能停止，甚至其余任何一个环节都不能停止。比如供电间断一秒钟，无数工厂就要承受巨大损失，城市生活就会乱成一团。因此，运营是城市的常态。

三、内生式发展是城镇发展的常态

运营只是维持了城镇一个相对静态的常态，尚不涉及发展的问题。但是，从历史和未来的维度来看，城镇毕竟是要发展的，尤其是在我国高速城镇化进程中，发展仍然是硬道理。发展也是一柄“双刃剑”，发展固然好，但过快发展、不协调发展及过度发展也会造成很多问题。不解决好发展中的问题，那么可能连城镇的正常运营也无法维持。

发展也有向外和向内的不同。传统粗放式发展的特征是以反映规模的量为发展的标准，反映在空间上就是城区面积的扩张，反映在建筑上就是数量的增长，反映在经济上就是GDP总量的增长……粗放式增长在城镇高速发展过程中不可避免，但发展到一定阶段就必须纠正，改为以内生式发展为主。那么什么是内生式发展？什么时候应该以内生式发展为主呢？

内生式发展就是不以边界扩张和规模增长为目标，而以质量提升、功能优化、生活改善、幸福指数提高等提高人的发展质量指标为目标的发展。理论上，退一万步讲，我们人类居住的地球不可能每一寸陆地都变成城市，总要保留用于维持人类及所有生物生存的农田、森林、水体，因而用于建设城市的空间总是有限的。事实上，内生式发展并不会在所有土地资源都枯竭之后才会发展，而是在城镇规模扩大到开始违背集聚本质的时候开始。城镇规模达到一定程度以后，规模效应开始减缓或减退，继续扩大规模则在经济上表现为规模不经济，在城镇机能上出现“城市病”，在人的具体感受上感觉总体舒适度下降。这是因为，城镇的本质是集聚，城镇总是以当前的技术水平尽可能保持一个尽可能高的集聚程度，并保持基本正常的运营状况。比如西方超级大城市的人口密度大多在7000～8000人/平方公里，大都市圈范围内总人口不超过3000万人。在此集聚程度下，目前的技术水平能维持整个城市正常运营，并保持居民能接受的生活品质。集聚程度进一步上升，则有可能保证不了目前的生活品质，甚至不能保证正常运营。因此，当城镇规模扩张到一定程度，现有的技术水平不足以支撑在如此庞大规模上的有效运营，则“城市病”就出现了。这个时候，城市就应当追求内生式发展了。事实上，西方发达大城市早在20世纪60～70年代大规模建设停止后就已经陆续进入了内生式发展的轨道。

根据以上标准，当前我国若干大城市甚至很多中小城市都应当向内生式发展方式转型了。从“城市病”的发生就可看出这一点。现在，雾霾和堵车现象已经由京、沪、广、深等一线城市向二、三线城市蔓延，甚至像河南漯河、山东淄博、河北沧州这样的四线城市都普遍存在堵车现象。“城市病”一旦发生，城镇带来的便利便开始大打折扣，折扣到一定程度，集聚的好处就没有了。因此，城镇若要进一步扩张，就必须走内生式发展的道路。

城镇比农村的好处有很多，但归结起来只有一条，那就是便利。便利的根本原因也只有一条——集聚。虽然现在我们已经认识到过度集聚也不舒服，但是没有集聚则城镇的一切好处都不会有。如果技术上允许，我们可以解决掉交通堵塞、空气污染等问题的话，城镇总是更倾向于进一步集聚。比如地铁，常有人说它是用来疏散交通的，其实它从来没有达到过这个效果，唯一的作用是吸引来更多的人，让更多的人可以通过集聚而聚集在狭小的空间。比如北京的地铁 4 号线，其规划刚一出炉就引来万众期待，因为，北京中关村是著名的交通堵点之一，人们期待地铁通车后中关村再也不堵了，人可以滞留得少一些。但实际上，通车后，通过地铁从南郊城区和其他城区拉来了更多的人，导致地面的拥堵问题更加严重。我们不能说地铁 4 号线没有用处，它让中关村的集聚程度提高了，人流量增加了，更多的人方便了。因此说，如果你提高了城市的运营水平和技术水平，那么你可以有限地提高集聚程度。如果提高不了运营水平，那么城镇规模、集聚程度暂时只能保持克制。而提升运营水平，正是内生式发展水平的问题。前面说过，运营是自从城镇产生以来就存在且不可间断的活动，是城市作为一个生命体存在的常态。所以，内生式发展是保持城市发展——即运营水平不断提高的常态。

第二节　城镇化进程中的旧城问题

旧城是一个相对概念，有了新城才会有旧城一说。没有新城，旧城便不会成为一个问题。在快速城镇化的进程中，旧城问题显得尤其重要，不论你是否真的重视它。旧城是城市之根，是城市发展的起点，通常也是城市的核心区。但是，在快速城镇化进程中，旧城常常与城镇化进程发生冲突，甚至被人们当成城市的包袱。

一、旧城是一个复杂的系统

不论你是否喜欢旧城，是否有志于传承城市历史文脉，旧城都是避不开、躲不掉、说不清、理还乱的东西。当代媒体对旧城总是给予许多关注，比如大规模棚户区改造顺利、危旧房倒塌导致伤亡、古迹文物在施工中被开发商强行拆除或破坏之类的新闻，总是能赚取社会大众的眼球。关于旧城改造，是保还是改，怎么改，总是众说纷纭。媒体和文化界是比较热衷于议论旧城改造的。大多数文化界人士对旧城有感情。比如作家冯骥才在各种场合力主保护旧城。首都经贸大学历史系一名教授说："我从小在北京出生、长大，可是近几年在家门口却迷了好几回路了！变化太大了！而且改造后的街道建筑差别不大。"作家王朔从小在北京旧城大院里长大，却对旧城满腹牢骚，力主全部拆掉。说："你们不知道大冬天半夜提着裤子上街找厕所的滋味，凡是体验过的就不会站着说话不腰疼。"一方面是对生活现代化和便利性的追求，另一方面是对旧事物的留恋，这两个方面的矛盾纠结在一起，形成了全社会复杂的舆论场。

旧城原本就是完整的城市，城市所应具有的一切要素它都有，而且因为历史的积淀，它所包含的内涵和信息更多。如果说城市是一个系统，那么旧城则是一个更加复杂的系统，并且是对城市发展起着极大支持、牵制和影响的母体。通常，一个城市最有代表性的文化和传统商业都在旧城，最有特色、最能代表城市个性的城区也是旧城。2008 年奥运会，外国人并不在奥运场馆附近停留很久，大多是直奔故宫、后海胡同区、大栅栏等地方。在世界眼中，北京是独一无二的，是因为它的旧城，而不是因为新建的现代化建筑。

二、旧城具有很高的价值

由于旧城都处于城市核心区，区位天然最为优越。在 20 世纪 90 年代以前，上海还有“宁要浦西一张床，不要浦东一套房”的说法，旧城的魅力可见一斑。破烂不堪，已经塞满了居民的旧城当然没有用。开发商看到的是改造后能盖更高的楼，能装更多的人，能卖更多的房子。于是，在推土机轰鸣声中，旧城应声灰飞烟灭。旧城的价值很高并不是它本身的错，错就错在我们在城镇建设中只看到了一些小的、眼前的价值，却毁灭了更为重要的价值，不啻是买椟还珠。

三、旧城最宜内生式发展

为什么说旧城最宜选择内生式发展道路？以北京马连道为例，该地区处于南城、北京旧城“凸”字形的底部，这里是明清北京城的外城。众所周知，北京城始建于元朝，发展成熟于明清，早在明朝就已经完成城镇化并高度成熟。马连道地区也不例外。也就是说，从城市规划的角度看，这个地区早已是成熟的城区，只有进行改造的可能，不存在进行当前扩张型城镇化方式中的一级开发的可能。扩张型城镇化是当前城镇化的主流，各地城镇化发展都在你追我赶，比的不外乎是建设速度和城镇化速度，把多少农田、荒地变成了城镇建成区，因此，规划、征地、“招、拍、挂”、建设已经成为“开发”的标准程序，但这显然不适用于旧城，因为旧城已经没有可“开发”的土地。但是在 2010 年前后，北京市西城区一些文件上在总结马连道地区发展问题时还会提到该地区发展最重要的障碍是“可开发土地枯竭”，这说明扩张型城镇化多么深入人心！事实上，已经完成城镇化的地区，就应当转向内生式发展，努力提升城区品味，改善基础设施，发展城区经济，繁荣城区文化，在不增加土地、甚至不新建建筑的前提下，实现更多的功能、更大的容量和更高的品质。

第三节　老工业区和棚户区的改造

一、老工业区和棚户区的伴生关系

（一）“厂兴棚兴、厂衰棚衰”的业城关系

城市老工业区兴起于国家“一五”、“二五”时期和“三线”建设时期，是城市内工业企业较为集中的特定区域，促进了老工业城市的形成和发展，目前仍是当地经济社会发展的重要支撑。伴随着老工业区的兴起，其周边建设了大量的职工宿舍、自建房以满足企业职工、职工家属以及小商贩的生活需求，形成了以支持产业为目的的生活区。

然而，在推进新型工业化的今天，随着当地资源的枯竭，老工业区出现了落后产能集中、基础设施老化、环境污染严重、安全隐患突出等一系列问题，区内企业盈利能力下降甚至出现亏损，亟待转型升级。其周边生活区由于初建时缺乏合理规划，加之年久失修，最终发展为现在的棚户区。棚户区伴随着老工业区的兴起而兴起，也随其衰落而衰落，两者之间是一种以“业”为主，以“城”为辅的“业城关系”。

（二）老工业区建立新型产城关系

老工业区和棚户区的改造，一方面是要解决企业、棚户区居民的搬迁安置，即新区的规划建设问题，另一方面是要构建新的产业体系，处理好产业与城市之间的关系。在新的产城关系中，改造后老工业区产业的发展将服务

于“以人为本”的新型城镇化的建设，即“人”是新的产城关系中的核心。老工业区和棚户区的改造，应该与城市未来的发展紧密结合起来，使改造成果有利于增加城市的内涵，而不是发展为新的城市问题。

二、老工业区和棚户区在城镇功能上的滞后性

（一）功能、内涵和理念上的落后性

在计划经济时代，城市老工业区和棚户区的建设是本着“先生产，后生活”的理念。棚户区的企业职工住房在设计之初是为了满足最基本的居住功能，满足企业生产的需要。在这样的理念下企业的产能产值成为老工业区建设中考虑的第一要素，城市的建设是以大量资源耗费（甚至浪费）、环境污染、公共服务缺失、城市形象受损、内涵缺失为代价的。

（二）布局上的不合理性

首先，为了方便生产，老工业区内的职工居住区往往紧邻生产企业，“产住结合”的模式在新型城镇化建设中是解决城市上下班时间交通拥堵的一个有效方式。然而，这种结合的弊端在于结合过于紧密，企业职工住房往往与生产车间处于同一大院内，有些住房，尤其是改革开放后棚户区内涌现出大量的自建房屋，甚至违章建设在靠近锅炉房、燃气管道等危险区域内，增加了棚户区的安全隐患。老工业区内棚户区建设之初的规划欠缺以及建设之后的管理失控，大大增加了改造难度。

其次，老工业区以重工业企业为主，因此在老工业区的建设中始终贯彻着一种“重工业”思想，即重“大”轻“小”，在企业中表现为重视规模效应而忽略精细化管理。而老工业城市的建设往往将这种思路带到城市规划之中，体现为重视整体而忽略局部，重视存在而忽略功能。“大生活区”、“大广场”、“政府办公大楼”等大量出现在城市之中，沦为形象工程，而与居民

生活质量息息相关的“小空间”布局常常重视不足，棋牌室、饭店、KTV成为很多城市的主要社交场所，而影院、剧院、阅览室、咖啡厅等相对有内涵的场所在城市中成为冷门。

最后，老工业区及其周边生活区在城市扩张过程中逐渐发展为城市的中心或者核心区域。一种情况是在规划之初老工业区就布局在城市之内，由于产业优势及周围居住区对生活物资的需求较大，这一区域对商业的吸引力远强于城市其他区域，在城市的发展中逐渐演化为城市中心。另一种情况是老工业区布局在市郊，随着城市的快速扩张被纳入城市范围内。无论哪种情况，老工业区对于城市的发展都起到了不可替代的促进作用，加快了城市现代化的进程。因此不能将老工业区一拆了事，改造老工业区成为城镇化过程中的重要一环，而且也是城市能够实现可持续发展的客观要求。

（三）功能上的单一性

虽然在计划经济的大包大揽下，棚户区内房屋的质量有了一定的保证，但周边缺乏公共服务基础设施，且由于规划得不合理，未留置未来发展改造空间，限制了城镇功能的完善，棚户区只保留了最初的居住功能。然而，由于房屋老化、工业企业污染等问题，棚户区的居住安全目前已难以保证。棚户区的存在已经成为新型城镇化中完善城市基本功能的阻碍。

（四）产业的老化和滞后性

老工业区的一大特点是落后产能集中。老工业区企业以近现代工业企业为主，这些企业很多是从计划经济时代就开始存在的，企业开放程度普遍偏低，在长久缺乏创新的情况下，产业老化严重，往往存在产能落后、管理粗放、效益低下、污染严重等问题。另外，部分传统工业企业对资源依赖性强，产品附加值低，随着城市资源的枯竭，企业经营无以为继，陷入产业结构水平低、档次低、转型升级内生动力不足与退出壁垒高的两难境地。

三、老工业区和棚户区的路径依赖和贫困文化

（一）路径依赖

路径依赖有很多种，一般来说它是一个中性词，不一定都是消极的。资源城市对资源型发展模式的路径依赖在棚户区有着同样的体现。在一些资源型城市棚户区，其周围区域提供的余矿和零散资源、企业的沉淀资本、住宅以及少量荒芜土地，是棚户区居民获取收入的重要来源。棚户区改造后，切断了居民与这些资源之间的联系，居民暂时缺失了收入获取途径，但短时间内又难以获得新的维持生计的办法，无法获得收入，难以维持新的生活。这种家庭收入的路径依赖，一方面增加了棚户区的改造难度，使得居民不愿接受改造；另一方面使改造成果难以维持，很容易形成新的“楼房棚户区”。

（二）贫困文化

人类学家刘易斯曾经通过对墨西哥和波多黎各贫民区居民进行研究，提出：当一群人几代都处于贫困状态的时候，就会造成贫困者同主流社会的相对分隔，从而产生一种适应这种贫困状况的“贫困文化”，包括屈从意识、不愿意规划未来、没有实现理想的能力以及盲目怀疑权威等。我国棚户区的“贫困文化”不同于国外的贫民窟文化。棚户区内居民主要是老工业区产业工人及其家属，这些人受过一定的教育培训，自身素质并不低，其主要问题在于从他们计划经济时代继承的不愿流动、安于现状的精神状态难以与新型城镇化建设理念相融合，已经成为一种进入“锁定”状态的路径依赖。

四、以充实、更新内涵为思路改造老工业区和棚户区

（一）充实城镇功能

城市老工业区和棚户区在城市发展初期，起到了较强的集聚功能和生产

功能，但随着老工业区内产业的老化，其资源和生产要素吸引力快速下降，生产能力也同样降低。如今，城市的服务功能、创新功能以及辐射功能更能决定城市的发展和竞争力。成功的老工业区和棚户区改造，应该对城镇功能起到充实作用。在老工业区的改造中，要完善基础设施和服务设施的建设，充分利用原有产业的“沉淀价值”，结合周边产业、生态环境，积极创新，将老工业区打造成新的城市功能区。而棚户区的改造要超越棚户区居民“住得好”的纯建筑本位改造理念，融合改造后棚户区的生产功能和服务功能，实现与现代产业关联，从而实现可持续发展的生活功能。

（二）促进产业转型升级

老工业区改造一是要完成区域内工业企业的搬迁和产业承接，在这个过程中要解决企业的技术改造、转型升级、污染治理等问题，不符合转移、升级条件的企业要适当淘汰；二是要根据搬迁企业的产业类型、发展方向等条件，引导企业向具备条件的经济技术开发区、高新技术产业开发区等园区搬迁，推动产业集聚发展。合理利用腾退土地，结合市场需求，有选择地发展设计咨询、科技、金融、电子商务、现代物流、节能环保等生产性服务业以及商贸、健康、家庭、养老服务等生活性服务业。在改造中，要做好工业遗产的保护和再利用，合理开发利用工业遗产资源，建设科普基地、爱国主义教育基地等；也要充分发挥城区老工业区的产业配套、科技人才及技术研发等优势，积极发展战略性新兴产业和先进制造业，这也是完善城市功能和产业布局的突破点。

（三）促进人才流动，增进社会活力

如何让棚户区居民摆脱路径依赖的“锁定”状态，是棚户区改造后原棚户区居民融入现代城市生活的关键。行为的路径依赖是由其思维方式决定的。棚户区内，特殊的环境造就了高认知度、高交往度的邻里关系，居民的生活

观念和价值观念表现出相当一致的倾向。在维护居民间良好的邻里关系基础上，使居民能够接受外来新的生活方式、融入到城市文化之中就需要恰当的方式了。

“观念稀释”是突破这种群体固有观念的一种有效途径。加强搬迁后区域的人口、人才流动性，通过新进入人口多元化来冲淡棚户区居民的“贫困思维”，从路径依赖的“锁定”状态中解脱出来。发展旅游业、健康产业，都是促进城市人口、人才流动，保持多元化文化、观念的很好选择。

（四）发展教育培训，提升人口素质

在棚户区内原来产业工人具有一定素质的基础上，大力开展技能培训和终身教育，促进棚户区居民素质的提升和就业技能转型，使棚户区居民获得更多机会来解决收入问题，防止新建居民区由于居民无法承受生活支出而沦为新的“高楼棚户区”。另外，人口素质的提升也是破解棚户区“贫困文化”、增加城市底蕴的良方。

（五）构建多层次的城镇产业和生活空间

一个城市的居民，其收入水平、教育程度、自身素质等都是呈层次性分布的。在老工业区和棚户区改造中，结合城市产业基础和资源进行多层次规划，不仅可以提升城市发展的内在动力，而且可以解决多层次人才的就业问题。城市生活空间优化与品质提升是城市发展到高级阶段追求的核心目标，也是体现以人为本的新型城镇化建设的重要内容。多层次城市生活空间的设计，可以有力拉动城市服务业的发展，同时增强城市的沟通力，解决棚户区改造后的可持续发展问题，提升城市软实力。

（六）发展多样化的文化生态

文化是一座城市的灵魂，是一座城市品格的象征。每个城市都有自己的文化生态结构。文化生态反映城市的生活方式和人文气息。发展多样性的文化生态有利于增强城市活力，提升城市创新力和辐射力。在老工业区和棚户区改造中，发展多样性的文化生态可以防止“贫困文化”在一个封闭的群体中成为主流文化，通过不同文化之间价值观的碰撞，解决棚户区居民思维上的路径依赖。

第四节　文保区和商业区的改造

文化和商业是旧城的强项，主要文物古迹（文物保护区）和传统商业区也多位于旧城。城镇化通常是以旧城为起点，逐层向外拓展。在拓展的过程中，人们对现代化生活的追求导致旧城提供的文化和商业开始不能完全满足需求，于是就产生了对文保区和商业区进行改造的要求。

一、关于改造政策问题

文保区和商业区很多时候有重叠，即历史悠久的商业区通常也是文保区（反之不一定），加上文保区和商业区在形态上相近，大多存在设施老化、基础设施不足、人口密度过大、火灾隐患较多等问题，因此对文保区和商业区的改造方式和政策也经常采取一套方案。一般来说，由于我国文物保护法律法规政策体系相对健全、严谨、成熟，文物较多、以文物保护为核心的文保区和商业区通常能得到较好的保护；而文物较少、不能被划定为文保区的商业区则经常被大力度改造，比如拆后重建。在城镇化快速推进的阶段，经济动力过大往往导致开发商和地方政府铤而走险或“打擦边球”，结果名为改造，实为破坏。例如，20 世纪 80 年代，北京旧城文保区规划最早的方案是划分为 33 片，这时北京城已经是被破坏得残缺不全的旧城了，但至少最有价值的剩余片区还在。但是就在规划修改拉锯的几年中，又有包括牛街在内的

3 片文保区被推平了，规划不得不一改再改，最终 1990 年划定了 25 片文保区。2000 年，北京市政府 19 号文制定了危改“四个结合”的政策，尤其是其中的“与房地产开发相结合”被最大程度地贯彻实施和发扬光大。在 2000～2007 年的 8 年间，房地产开发席卷北京旧城，凡改造比较容易、成本较低、收益较高的地块迅速被改造完毕，同时，这些地块的原有风貌甚至相当数量的文物也都被推平了。2007 年，北京市又出台了《北京市危旧房屋修缮技术导则》（简称《导则》）。同年，北京市政府在内部会议上宣布 19 号文原则上停止适用，从此以后危改工作以《导则》为主要依据。

二、关于风貌保护问题

文保区和商业区是旧城的标志性街区，在改造中注意城镇风貌的传承和保护是十分必要的。旧城风貌，是指旧城保持得比较好、最能体现旧城所代表的历史时期的城镇风貌，比如北京旧城风貌最完善、最好的时期是明清时期，因此，北京旧城保护主要就是保护明清北京城的风貌，包括其“凸”字形轮廓、棋盘形肌理、三城九门及故宫、天坛等重要文物。那些 20 世纪60～70 年代建造的劣质的私搭乱建的违章建筑则不包括在内，甚至民国时期破败的龙须沟那样的贫民窟也同样不在保护范围之内。

我国对旧城的保护，起先主要停留在文物保护方面。在解放战争期间、平津战役解放北平前夜，毛泽东从战略上想尽可能争取北京和平解放，以完整保护这座古城。在动员傅作义起义而其久拖不决的情况下，考虑到攻城战斗的可能性还是存在，毛泽东专门派人到已经解放的北平郊区的清华大学找到梁思成，请其对北平城内重要文物在地图上一一详细标注，并指示攻城部队尽量少用重武器，减少对城市的破坏。新中国成立后，中央政府又任命梁思成为北京都市计划委员会副主任。梁思成和陈占祥二人在此期间拿出了著名的《梁陈方案》。其主要思想是把北京旧城整体保护，新城择址新建。应当说这一设想很有前瞻性，比法国拉德方斯早20年。但是限于特殊的历史条件，最主要是当时的新中国完全没有能力在不利用北京旧城的前提下去新建一个首都规模的城市。于是，这个方案总体上没有被采纳。此后，在“原址改造，充分利用”的方针下，整体保护已经失去了可能性。今天我们看到的北京旧城是支离破碎的几十片文保区和几百处文物，北京旧城作为一个具有独特完整风貌的整体已经不存在。这是北京旧城保护的一大历史遗憾。

近年来，我国旧城保护的思想逐步从文物“点”的保护进步到了街区、肌理等“线”的保护，再进步到了文保区“面”的保护，最后是整体保护。可惜，大多数城市的旧城整体已经不存在了！

三、混合化还是单一化

在城市功能的分布问题上，当代城市规划理论总体上倾向于功能混合，尤其是居住、商业、交通和就业这些基本功能，每一个城区单元都应当具备。城市核心区、旧城、文保区、商业区的城市功能就更为复杂。文保区和商业区的城市功能原本就是和居住功能紧密结合在一起的，有了特定的居民群体，才有相应的特色文化和特色商业。而居住功能则是城市的另一基本功能，围绕居民和顾客，吃、穿、住、行等生活服务需要一应俱全，文保区和商业区才有保持活力。功能的足够混合化几乎是文体区和商业区的命脉。

在西方的工业化时代，现代主义城市规划理论是主流，强调把城市看成一部机器，不同的功能区就是不同的零件，应当严格分工、精密建造、高效运转，这就是功能分区这一规划习惯的来源。当前我国总体上仍处在工业化中期阶段，按说还没有达到西方发达国家已经达到的后工业化阶段，但是我们却没有理由继续停留在现代主义规划的历史水平上。这是因为：第一，我国一些发达大城市发展较快，工业化已经完成，城镇化水平也已经相当高，相当于已经进入后工业社会。第二，我国城镇化速度远远快于西方国家，预计我国整个城镇化进程大约会在50年的时间里完成，而西方国家的城镇化过程用了200多年。因此，城镇化完成后的情况现在开始未雨绸缪，不算十分超前。第三，文保区和商业区继承历史文脉，在传统城市功能中，这些地方的功能也都是混合化的，这是一个不应抛弃的优良的城市文明传统。因此，不论从城镇化阶段还是从当代规划趋势来看，功能的混合化都优于单一化。把文保区和商业区搞成纯而又纯的城市功能区，则必然会损害到它的实质。例如，现在部分改造过的大栅栏仍然没有恢复往年的繁荣，实际上是因为重形象、重文化甚于重商业，真正的商业价值已经不大了。文化和商业分家，其他功能全无，焉能重现辉煌！

四、新旧城文化和商业分工

北京旧城的教训说明，内生式发展也不是万能的。以旧城为基础，可以在保护原有风貌的前提下更新功能、充实内容，但是不可能更新任何功能、充实任何内容。比如现代大工业就不是旧城建筑所能容纳的，现代化的写字楼、商业楼也不是传统建筑形态所能适应的。其实，即使是在旧城保护做得比较好的欧洲，老建筑也不一定都是原封不动的。很多历史悠久、状态良好，但达不到文物标准的建筑，允许对内部构造和装饰进行现代化改造，只是外观必须严格保持原貌。

要在旧城实现内生式发展，也要对旧城的发展方向和内容有一个清晰的定位，旧城无法容纳的东西就要放到新城、新的城市空间去发展，强行在旧城发展，就只能是破坏。新城适宜发展现代科技和时尚文化，而旧城适宜发展传统文化；新城适宜发展现代商业、批发贸易、现代工业等产业，而旧城适宜发展与文化紧密结合的传统商业。例如，北京金融街全部是现代化写字楼，就只能把原大清户部银行等老建筑全部拆除，才能建设达 1 平方公里的现代金融中心。巴黎则因为有了拉德方斯新城，大量现代化的功能和产业都有这个新城作为空间和载体，才不至于在旧城过度发展而破坏旧城。所以，外延型城镇化本身也可以是内涵型城镇化的亲密战友，两者做好合理分工，双方就能获得较高质量的发展。

第五章　内涵型城镇化中的社会发展

第一节　社会建设是城镇化的核心

国务院总理李克强在国家粮食局科学研究院考察调研时提出，推进城镇化，核心是人的城镇化，关键是提高城镇化质量，目的是造福百姓和富裕农民。要走集约、节能、生态的新路子，着力提高内在承载力，不能人为“造城”，要实现产业发展和城镇建设融合，让农民工逐步融入城镇。城市是人造的空间，是人类聚居生活的社区。城市本来就是人类基于商品和信息交换的需要而产生并发展起来的，城市化的过程天然地应当体现人的发展、进步的要求和状态。没有人的发展，城市无论发展到什么程度，都不能称之为城市化。人作为城镇化的本质，由人构成的社会关系的变化就是城镇化的核心。

我国城镇化伴随着工业化、现代化而发展。传统城镇化主要模式是企业带动模式和产业园区带动模式，这种工业化带动城镇化的模式，好处是基础设施建设快，城市迅速形成规模，快速集中生产力，但是这种快速的发展也带来了一系列的社会问题。农民离开乡村到城市就业与生活，但他们在劳动报酬、子女教育、社会保障、住房等许多方面并不能与城市居民享有同等待遇，在城市没有选举权和被选举权等政治权利，不能真正融入城市社会。城镇化是农民生产生活方式的改变，是经济社会的重构，也是中国社会各阶层的重新分化与重组，乃治国安邦之大计。

从社会的角度认识城市，城镇化在人口聚集和面积扩张的同时，更重要的是实现产业结构、就业方式、人居环境、社会保障等一系列由“乡”到“城”的重要转变。城市中人才是主体，城市的本质是市民社会。因此，内涵型城镇化要以人为本，从社会生产方式转变、社会发展的角度研究城镇化。要在发展的过程中保护历史文化、保护耕地、保护农民利益，发展新产业、形成新业态、建设新城市。内涵型城镇化的发展应全面促进劳动就业、收入分配、社会保障、住房等民生事业和包括科研、教育、卫生、文化、体育在内的社会事业发展，加强社会体制和社会规范的改革与完善，创新社会管理，促进社会安全体制建设，加快调整社会结构。

第二节　内涵型城镇化的社会问题

我国城镇化如火如荼地快速发展。因为社会建设是城镇化的核心，所以我们可以从社会学的角度来定义城镇化，即城镇化就是以农村社会向城镇社会转变的过程。但由于城镇社会与农村社会在生活及生产方式上存在巨大的差异，所以人们在由农村社会向城镇社会的转变中，就会产生不适应，甚至产生一系列的社会问题。

一、生活方式不适应

在农村社会中，人际关系以地缘关系、乡土意识为重要的社会认同基础，人与人之间的关系较为简单，生活节奏慢，在集聚空间、形态上表现为同质化。而城镇社会在人际关系上则是以社会分工为基础的，人与人的关系更加多样，人口聚集度大，生活节奏快，基础设施比较完善，同时有较强的社会生产力以及改造世界的能力。在内涵型城镇化中，农民从农村转移到城镇，生活方式发生了巨大的改变，因长期受以土地为中心的传统农业生产方式及与此相对应的生活习惯的影响，失地农民在劳动和生活作息方面与市民存在着极大的差异，如居住形式、居住条件、居住距离等发生了变化，居室功能重新定义和分割、邻里关系重新构建、亲情维系和享受重新体现，导致生理和心理都不同程度出现不适，对城市快节奏和多元的生活方式无法适应。在农村，邻居之间经常相互走动，同村的人也都相互认识，然而进城以后邻里之间联系变少了，同一个小区相互认识的情况也少了，人与人之间的防备之心更多了。

农村文化所形成的传统农业的劳动方式和生活习惯植根于失地农民的思想观念之中，很难在较短的时间内彻底改变，而这种劳动方式和生活习惯与现代工业社会的劳动和生活作息之间有着极大的差异和冲突，由此导致了部分农民对城市生活方式的不习惯或不适应。

二、社会关系不适应

此处的社会关系不适应是指从熟人社会到陌生人社会的转变造成的不适应。

在乡村社会中，亲戚、邻里等关系是构成熟人社会关系的主体，主要靠伦理道德等规范人的行为；而在城市（城镇）社会中，单位关系（同事、同学等）、组织关系构成陌生人社会关系的主体，主要靠法律制度等规范人的行为。在内涵型城镇化中，农民要从以前的熟人社会进入城市中的陌生社会。农村是一个熟人社会，其中人与人之间有着私人关系，是亲情、友情等关系建立起来的一张巨大的关系网，农村里有句俗话“熟人好办事”，在熟人社会里，人与人之间的交往不只停留在就事论事的表层关系上，而是富有“人情味”。每个人都希望了解对方的内心，进行情感上的交流，左邻右舍期望互相关心和安慰，有一个共同的心理维系。在熟人社会里，感情交流是他们建立各种关系的基础，一般没有明确的、严格的规章制度，主要靠习惯、风俗、伦理道德等非正式手段来调整人与人的关系和行为。而到了城市以后，这个熟人社会被打破了。当一个人到了陌生人的社会，他原来的社会联系全部被砍断了，或者弱化了，没有归属，这样，一些社会问题就产生了。由于缺乏归属感，没有熟人的监督，在陌生社会里面要形成新的生活方式，一般就只能依赖老乡、亲戚或者朋友的传帮带，而融入这个新组织是需要较长时间的，且组织内部人员流动性非常大，个人情感的紧密联系可能尚未建立就已断开。这个时候，如果有犯罪组织来拉拢人，他可能就会加入团伙，实施犯罪。由此形成的“黄、赌、毒”问题日趋严重，打架、偷盗等非法行为时有发生，给城市社会治安和管理带来很大压力。中国社会科学院 2010 年的《法制蓝皮书》指出，2010 年新生代农民工已近 1 亿人口（“新生代”主要指“80 后”、“90 后”），当前新生代农民工犯罪案件约占全国城市刑事案件的 1/3。

三、贫富分化，区域分异

在内涵型城镇化过程中，农民进入城市，由于固有的农村生活背景、受教育水平、技能等局限，在城市中的收入水平普遍较低，同时要承受相对较高的房价等城市生活成本，还要承担在农村的家庭责任等，能够享受的社会保障又很有限。因此，虽然很多人的生活相对于在农村时有改善，但是，他们在城市的生活水准面前并没有真正摆脱贫困，过去的城镇化中贫富两极被放大，在城市中形成了“城中村”、“贫民窟”、“蚁族”、“鼠族”等区域分异现象。这些现象的出现阻碍了城镇化的进程。例如“城中村”的出现滋生了诸多社会隐患，从而严重影响了中国城镇化的质量。首先，混乱的行政管理体制使得“城中村”成为都市中的“小社会”。受中国长期存在的城乡二元管理体制的影响，“城中村”虽然被拉到都市内部，但是仍然保留着传统农村本色，无论是村民的思想观念、生活方式，还是住房的建筑风格、居住习惯，一切都显得与都市现代文明环境格格不入。从这一点来看，“城中村”并没有实现真正意义上的城镇化。其次，“城中村”经济落后，产业结构不合理，不但自身的竞争力水平难以提高，而且不利于城市整体规模经济效益的形成。“城中村”的产业发展一般以房屋租赁业为主，各种餐馆、发廊、药店等充斥在街道的两旁，由于是粗放式的经营，难以形成规模效益。此外，由于缺少必要的现代社会谋生手段，村民单纯依靠租金收入作为其主要生活来源，故惰性不断滋生，从而给城市的平稳发展增添了许多不安定因素。再次，“城中村”中的社会保障体系不健全，难以满足村民身份转变的需要。在传统的城乡二元管理体制下，农民以土地作为自己的社会保障线。然而，在中国政府主导的城镇化进程中，农民的土地被肆意征用而自身却未得到合理安置，原有的社会保障已经丧失，却又无法享受到与城市居民同等的社会保障权利，“城中村”的居民处于两难境地。最后，“城中村”的社会治安问题大都严重。落后于现代文明社会的思想道德观念、“食利”性的经济来源、滞后的城乡管理体制等诸多因素使得“城中村”的不少居民游手好闲、不务正业，“黄、赌、毒”问题日趋严重，打架、偷盗等非法行为时有发生，给城市社会治安和管理带来很大压力。

四、体制制度转型不及时

我国城镇化快速发展，但是由于社会体制及制度转型不及时，如户籍制度、社会保障制度没有跟上，导致了二元制问题、“夹生饭”问题等社会问题的出现。

城市二元结构是指在城市中存在着以身份差别为基础、因制度因素和社会因素造成收入差距不断扩大、社会分化日益严重的两个阶层，即城市居民和农民工。城镇化一般指人口向城市地区集聚的过程和乡村地区转变为城市地区的过程。这种情况在大中城市尤为明显，多数是外地低收入者及农民进城打工赚取比原先高的收入。由于户籍制度、城市居民排外性以及城市中大量存在脑力劳动高收入者，造成贫富差距扩大，以至于穷人越来越穷、富人越来越富，形成两极分化。由于外来农民工在城市中的收入比在农村高，即使存在与富人的巨大差距，他们也不愿意返回农村，因此，城市二元结构不可避免。

城市二元结构主要表现在农民工的“非市民化”待遇、“非同城待遇”、社会保障不公平等方面。一是农民工收入的“非同城待遇”。表现为工资拖欠和低收入问题。农民工集中在建筑、纺织服装、电子机械制造和饮食服务四个行业就业，较大一部分的农民工在私营企业或个体工商户就业，农民工获取报酬的方式存在极大的不规范性，有农民工表示工资被拖欠时常发生。同时，农民工平均月收入不及同期城市在岗职工平均工资的一半。二是农民工劳动保障和劳动环境的“非同城待遇”。较多农民工未签订劳动合同，工作环境普遍存在高危险，高强度，脏、乱、差的状况。三是农民工住房的“非同城待遇”。大多数城市农民工普遍存在居住面积较小，居住环境较差，居住区位边缘化，无法享有住房保障等问题。四是农民工社会保障缺失。根据《中国流动人口调查报告2011》统计，80%以上的进城务工人员就业于制造业、批发零售业、住宿餐饮业、建筑业等工作时间长、工资水平低、工伤保险参保率不高的行业。据统计，进城务工者日平均工作时间达9.6小时，但月收入却不足2500元，有1/3的进城务工者未与用人单位签订劳动合同。在采掘业、制造业、建筑业等高风险行业中，外来务工人员的工伤保险参保率仅为58.4%、48.9%和25.1%，远低于国家标准。五是农民工子女教育的“非同城待遇”。主要表现在学前教育阶段的入学难和教育成长环境的不平等。六是农民工自我认同和社会认同的“非同城待遇”。前者主要表现为农民工对城市的心理不适应和拒绝融入，后者主要表现为农民工经常会受到歧视。

同时，在快速发展的内涵型城镇化进程中，大量农民工涌入城市，但这些农民工消费能力不足，无法实现在城镇定居，难以有效产生第三产业需求，无法解决基本的生存问题，但是，他们也不愿意回到农村，丧失了基本的劳作能力，沦为了在城市和农村的夹层中求生存的“夹生饭”。

五、城市差距及非农人口流动

除东、中、西部差距及城乡二元经济结构差距外，目前我国不同城市之间经济收入、文化层次、发展机会方面的差距也是非常明显的。基于对自身发展的考虑，相当数量的非农人口在各个城市之间流动，以寻找最合适的发展机会。这些人口大部分有大专及本科以上学历，户籍性质为“非农业人口”，其中很大一部分是从农村来的。他们可能并不回到自己所在地级市工作，而是在其他省内城市甚至是北、上、广等特大型城市工作。这部分人有些可能因为某些原因已经没有土地，或只有少量土地，但基本都不会再以回家务农为生。他们在进入的城市没有亲戚，可能只有同学或朋友，无法享受到城市公租房等设施，生活于农村的父母也不能为他们提供任何经济援助，他们只能在一穷二白的基础上一点一点地建立自己的事业基础和生活基础。他们既享受不到城市对市民的多种保障体系，也享受不到国家对农民的保障待遇，成为二元结构中的“落空”群体。这种非农人口虽然户口已经成为“非农”，但实际并没有完全“城镇化”。这部分人因为受到过较好的教育，且能找到相对稳定（对比农民工）的工作，他们本可以成为城市的中产阶层，成为扩大国内消费的重要力量，成为社会发展的坚实基础，但是因为受生活压力所迫，他们的创造力被严重挤压，个人能力提升空间因无法获得足够投入而被压缩，消费水平不高，在一定程度上阻碍了社会经济的快速发展。

第三节　内涵型城镇化的社会建设

一、城镇化社会问题产生的原因

在内涵型城镇化中，对于生活方式不适应，“二元对立”，“夹生饭”，贫富分化，区域分异等社会问题的出现，其本质原因是高速转型造成的分裂的甩出效应。其主要原因，一是城镇化发展速度“太快”，二是社会建设的缺失，三是人们过分相信市场万能论。

（一）城镇化速度“太快”

在我国古代，由于“重农抑商”统治政策的限制，城镇化比例绝对数并不高。综合中外学者观点，坊郭户（唐宋对城市人口的称呼）占总人口比例，西汉在30%上下，宋代在12%左右，明代约为9.7%。到了清代，“城里人”绝对总数超过2500万，但可能仅有宋代的一半。新中国成立后直到改革开放之前，我国采取了严格的控制城镇化发展的政策，甚至一度出现“上山下乡”等造成实际“反城镇化”的措施。改革开放以后，中国的城镇化发展速度也一直滞后于工业发展。直到20世纪90年代中后期，我国城镇化速度才加快。根据中国社会科学院城市发展与环境研究所副所长魏后凯等人的研究，1950~1977年我国城镇化率平均每年提高0.25个百分点。1978~1995年是稳定推进的阶段，城镇化率平均每年提高0.64个百分点，增长率均低于1个百分点。1996年以来，中国的城镇化处于快速推进时期，此阶段的城镇化速度平均每年提高1.25个百分点。在其他国家需要10年、20年甚至半个世纪才能完成的建设，我们在4～5年就必须完成。这样的城镇化速度，特别是“土地城镇化”的速度太快，对生态、经济发展、产业结构、社会生活等带来了巨大的压力甚至是破坏。比如“土地城镇化”过快造成的土地价格低廉、补偿不到位等问题，使得农民利益受到严重侵害，形成了“种田无地、就业无岗、低保无份”的“三无农民”群体，容易形成社会问题。相当高比例的农民工住在城市边缘地区的“城中村”、简易房、建筑工棚和地下室里，与“贫民窟”相差无几。在四川、湖南、安徽、河南、江西等人口大量流出的农村地区，还出现了土地大面积撂荒、留守儿童和老人的比重过高等现象。这些状况，无疑会危害我国社会经济发展的安全。

（二）社会建设缺失

在坚持以经济建设为中心的基本国策指导下，地方政府的考核业绩以GDP为主，忽视了环境、社会的建设，导致社会建设成为当今中国社会的短板，由此造成了对“人”的发展的忽视。加之贫富差距显著加大，社会阶层迅速分化，资源问题突出，环境、教育、医疗卫生等关系民生的问题矛盾尖锐。

目前，我国社会三大部门政府、市场、社会部门中的前两个部门无疑是比较发达的，尤其是政府部门，向来是比较强势的部门，而市场部门在以经济建设为基本国策的背景下迅速发展，甚至影响着政府部门使用市场和交换的准则去做事。但是社会部门，因为相对于政府部门没有很大的权利，相对于市场部门是非营利性组织，没有经济收入，因此没有很好地发育完善，在弥补政府市场失灵和降低社会成本方面不能充分发挥作用。

学术界对社会学的研究还存在不足，在实践中，社会事业改革跟不上，社会工作理念落后。目前存在较多的是政府办社会、企业办社会、集体办社会，唯独社会办社会这一正宗的社会治理形式较少。但是前三者，尤其是企业办社会容易偏离社会组织的根本宗旨。

一方面，社会建设的缺失在农民工身上的影响尤为明显。从一个熟人社会进入陌生人社会，一是监督力量消失，二是正常交往受到限制，心理情绪难以疏导，个人的生活和工作容易产生问题。这些情绪、问题群体性地积累，就形成社会问题。

另一方面，社会建设的缺失还体现在农村社会组织因为农民的离乡背井而瓦解。留守儿童和老人因为能力、知识技能水平等的限制，难以建立有效的社会组织，产生了较多问题，甚至人身安全都难以保障。

（三）过分相信市场万能论

在早期的市场经济社会里，人们认为市场是万能的，认为在完全竞争条件下，包括生产、交换、分配和消费在内的全部社会经济生活都受市场供给和需求的自发调节和支配，能实现社会资源的最佳配置，因而人们主张经济自由放任，完全由市场这只“看不见的手”来调节经济，而无须政府对经济的干预。然而市场不是万能的，因为城镇化不是单纯的经济现象，而是复杂的综合体。用单一的市场手段去处理其他领域的问题，一定会导致新的、更严重的问题。

二、内涵型城镇化社会建设的出路

对于在内涵型城镇化过程中出现的诸多社会问题，我们的出路在何处呢，怎么让农民更好地融入城市，构建和谐社会呢？我们认为可以从增强城镇的社会功能，提升城市的成熟度和对农民的接纳能力，提高社会的自净能力、维稳能力、自治能力等方面入手。

一是增强城镇的社会功能。在内涵型城镇化过程中，应坚持以解决农民最关心、最直接、最现实的利益问题为着力点，通过积极完善公共服务体系，增强社会服务功能，有力地促进内涵型城镇化的社会建设。

二是提升城市的成熟度及对农民的接纳能力。如果说在乡村的熟人社会，日常生活更多地可以通过道德来实现自律和他律，那么在城市的陌生人社会中，彼此不熟悉、人员流动性强等因素会削弱道德的规范作用。这时，一方面我们要建立起法制的权威以规范社会成员的行为，另一方面我们要增强社会的道德建设、文明建设，增强人们之间的信任。同时，农民融入城市是城镇化发展的必然结果，是经济社会发展的必然要求，而城市的接纳能力是农民融入城市的基础，如果城市接纳能力提升速度滞后于农民进城速度，将会阻碍农民融入城市，影响城市社会的和谐与稳定。因此，作为城市管理者应该大力提升城市的接纳能力，逐步让进城农民融入城市发展，为加速实现城乡一体化目标奠定坚实的基础。

三是增强社会的维稳能力。在社会安全稳定方面，不仅要积极整合各方面的治安资源和力量，强化硬件、软件建设，增强维护稳定的能力，并动员全社会共同参与，创建平安家园，推动和谐社会建设。

四是提高社会的自治能力。充分发挥社会组织在动员群众参与、反映群众诉求方面的积极作用，增强社会自治功能。健全基层民主制度，保障人民依法直接行使民主权利、管理基层公共事务和公益事业。政府在事务性管理工作中，适合通过市场和社会提供的公共服务，可以以适当的方式交给社会组织、中介机构、社区等基层组织承担，降低服务成本，提高服务效率和质量。

三、内涵型城镇化社会建设的措施

（一）创新政府管理职能

城镇化发展速度的快慢与政府社会管理水平的高低密切相关。在我国城镇化发展的关键时期，由于政府社会管理职能弱化、管理体制不畅、管理手段落后以及配套制度不完善等问题的存在，已经阻碍了我国的城镇化进程。政府只有通过创新社会管理理念、体制机制、方式方法及完善配套法律制度来构建新的社会管理模式与格局，才能进一步推进城镇化发展。

一是内涵型城镇化进程中新社区建设和管理创新。社区管理服务承担着支持发展、维护稳定、促进和谐、改善民生的重要职责，搞好组织建设是做好社区管理服务工作的基础。

二是内涵型城镇化中的社会管理信息化创新。现代信息技术已经对我国的社会政治形态产生了深远的影响。在社会管理中，一要注重发挥网络媒介信息交流和舆论引导的优势作用；二要以信息技术为依托，应用管理平台和综合信息系统，为民众提供优质服务，拓宽社会管理范围。

三是内涵型城镇化中社会管理制度的创新。如推出符合社会经济发展需要的新型户籍制度，提早开始户籍制度的改革与创新试点工作，并试行科学合理的户籍管理政策措施，推动户籍管理的制度变迁。进行社会保障制度改革。为进城的农民设立安全的社会保障制度，最基本的就是为农民提供医疗保险、养老保险、失业保险等各种最低生活保障，以及为其子女提供良好的医疗、卫生条件和公平的教育机会。

（二）加强社会组织建设

在城镇化进程中，民众的利益需求具有个性化和多样化的特点，而政府提供的社会管理和服务是大众化和统一化的，社会组织能很好地弥补政府的这一缺陷，它们在满足民众多样化需求上具备一定优势。但由于体制上的诸多限制，我国社会组织数量较少，发展相对不成熟，而已有的一些社会组织由于制度设计不完善、管理不透明以及缺乏监督，公信力受到很大质疑，使得其发展步履维艰，并且由于在人员、财力以及权限上的缺乏，社会组织参与社会管理和公共服务的能力也十分有限。因此，对于内涵型城镇化的发展，建设社会组织至关重要。

一是推进社会组织的能力建设。建立社区社会组织孵化中心。鉴于目前社会组织自身发育能力较弱，各地应像扶持高科技企业一样，构建孵化平台，加快培育和发展各类公益性社会组织。重点培育，分类指导。结合新型城镇化的实际，重点培育向“新市民”提供慈善救助的公益慈善类社会组织、增强“新市民”归属感的文体类社区组织、提升“新市民”满意度的服务类社会组织和提高“新市民”生活便利性的中介型社区组织。同时组建基于社区的规划、协调中心以及服务社会组织的办公机构或执行中心，通过举办各类会议、组织培训学习、发布邮件信息等方式，为社会组织提供必要的技术支持和信息支持，帮助社会组织提高申请政府项目的能力。

二是降低社会组织登记门槛。制定相应的制度，改进登记管理工作，放宽登记准入。应进一步拓宽社会组织准入渠道，对在经济社会发展中应运而生的具有社会团体、民办非企业单位基本特征的社会组织，进行基本信息的登记，认可其存在的合法形式，以利于跟踪培育和监管。对满足法定条件的社会组织，实行审查准入和强制性的准入登记，确认其社会组织法人地位。对于“草根性”特征显著的基层社会组织，各级民政部门应适当降低准入门槛，放宽标准，减少批准环节，提高行政审批效率。

三是加强社会组织管理体制改革。可考虑将目前普遍性的业务主管单位最大限度地缩编为特殊性的业务主管单位。按照社会组织分类，每个类别明确一个或几个部门作为业务主管单位，从法律制度上予以确定，并规定其职责。同时，变“主管”为“指导”，直接行政管理为间接法律制度管理。

四是推动政府向社会组织购买服务。通过政府购买服务，建立起政府主导、社会组织运作、社区监督有机结合的新型公共服务模式，可以使得公共服务水平和质量得到很大提升。

五是制定扶持社会组织发展的优惠政策。加大对社会组织的政策扶持力度。如在内涵型城镇化建设中对公益类社会组织减免税收；给社会组织就业人员提供公益性岗位、解决劳动保险和养老保险问题；基层政府、街道、社区为社会组织开展活动提供便利，包括免费或低价提供活动场地，给予资金和活动设施等方面的必要帮助。

（三）完善社会保障制度

在新型城镇化背景下，社会保障存在城乡养老保险制度不配套、不完善，医疗保险运行机制不合理，现行的社会救助制度不完善和社保基金支付压力加剧等问题。为此，社会保障体系应该加快城乡基本养老保险制度的衔接及新老农保的衔接，尽快健全多层次的城乡医疗保障体系，加快完善覆盖城乡的社会救助制度和建立多元化筹资渠道，进一步提高社会保障能力和水平。

一是加快城乡基本养老保险制度的衔接，逐步实现新老农保的衔接。

二是继续完善新农合制度。继续扩大新农保覆盖范围，建立财政对新农合资金投入的动态增长机制。扩大城市基本医疗保险的参保面，提高补助标准，同时探索商业保险业创新试点项目。

三是加快完善覆盖城乡的社会救助制度。进一步健全医疗救助制度，扩大社会救助的覆盖面，逐步提高社会救助标准。

四是建立多元化筹资渠道，进一步提高社会保障能力和水平。强化社保基金征缴，继续加大社保资金投入，建立社保基金保值增值的长效机制。

第六章　内涵型城镇化中的文化发展

广义的文化是指人类物质文明和精神文明的总和，包括物质文化、制度文化、行为文化及心态文化中的精神财富。其中，物质文化是人类物质生产活动及其产品文化；制度文化包括人类建立的各种社会规范，如政治经济制度、家族制度、社会法律制度、宗教社团制度、教育科学制度、社会各界组织的制度等；行为文化主要表现为日常起居的民族特色、地域特色、乡村特色及城市特色；而心态文化是人类在社会实践和意识活动中经过长期孕育而形成的价值观念、审美情趣、思维方式等。本章所讨论的文化是狭义文化及与之关联密切的物质，主要包括观念形态、居民道德、精神产品、生活生产方式、社会规范等所涉及的精神和物质文化。

第一节　城镇文化主体从精英到大众的蜕变

一、城镇文化及其主体

提起乡村文化，很容易想到以收获为主题的村野民歌，以自然现象、农业生产过程及成果为基础形成的民间谚语等。而城镇文化作为文化中的一种重要且越来越主流的存在形式，是在“城镇”这样一种特殊的生产生活方式下创造的文化。

从经济角度看，城镇文化是城镇中文化产品和服务品的生产与消费；从社会角度看，是城镇化过程中文化的不断演变和变迁；从人文角度看，是城镇性格生命的深深烙印，反映在城镇品位、个性、特色上。城镇文化主体是城镇文化受众的主体，是城镇文化生产和消费的主体，也是对城镇文化有着强烈影响力的主体。在古代，城镇文化主体主要是统治阶级或者精英阶层。如中国古代的城池主要是统治者居住的地方，自然地，其文化主体就是统治阶级，其创造的是以统治阶级或“统治”为主体的文化思维。比如《三国演义》、《水浒传》、《红楼梦》等文学作品，一般反映统治者之间的较量、统治者与被统治者之间的斗争和统治阶级内部生活。

近现代以来，由于工业文明对城镇文化的强烈支配，与乡村文化相比，城镇文化的地域性相对同一化，不论何地的城镇，城镇文化部分均具有较强的同质性，至少比同地域的乡村文化差异要小得多，比如，城镇中的娱乐场所、商业街区、公共建筑、城市格局大都似曾相识。这也是近年来文化界哀叹的当代城市“千城一面”的一个成因。但在文化细分种类和亚文化层面上，由于城镇文化主体趋于多样性，城镇文化随之出现多样性，比如海派文化、“洋泾浜”现象、小资文化、白领阶层文化、创业文化、创新文化、草根文化等。文化主体也趋于多元化，从原来以劳动、教育文化为主，极少出现戏曲、娱乐节目文化，向以大众消费为主体的娱乐、休闲活动及以特色为主题的文化演进。

二、技术发展与城镇化带来的文化洗礼

技术带来的工业化生产促进了生产技术的提高，对劳动力素质提出了更

高要求。在这种趋势下，普通大众的劳动技能素质得以提高，并且因工业化带来的生活方式的改变，可以接触更多的城镇文化。技术的发展促进了劳动生产率的提升，实现了群众收入的提高和文化产品价格的降低，使大众获得文化消费的可能性大大增强。

技术对文化的影响首先是文化载体的多样化，这大大促进了大众文化的发展。古代文化的传播方式和场所有私塾、茶坊、戏院等，种类少，且只能人传人、书传人、画传人，而在人传人的过程中，又不可避免带来信息的损失和额外理解的加入，使得其原来的文化信息传播不够准确，甚至会出现“以讹传讹”现象。技术的进步使得视频、音频等形式的传播成为可能，不仅大大缩小了人与文化之间的距离，比如在家里便可以看电影，看到歌星演唱会，名人讲授课等，甚至使得大众没有能力获得的东西变得可获得，比如哈佛大学等国际名校的大学公开课使得无法进入该校学习的学生也有机会获得与哈佛学生同等的教育资源，这对大众是一种福音。

当今城镇文化载体的形式更加多样，数量也更多，如老街、经典建筑、茶坊、剧院、博物馆、电影院、KTV、夜总会、各种吧（陶吧、酒吧、箭吧、玩具吧、拳击吧、玻璃吧、网吧、咖啡吧……）、各种文化功能区（艺术区、文化旅游区、时尚街区、商务休闲区……）等，还包括互联网。这些场所的出现促进了文化的传播，引致了文化由精英向大众的发展。

技术发展带来的文化传播工具的价格降低，使得某些文化工具形成一种大众化趋势，比如手机、汽车的普及。

技术发展带来的大众沟通渠道的增加成为当代社会的一个极为重要的特征。互联网思维下，世界更为平面，权威和精英阶层对大众的影响力减弱，信息的传达也不再仅仅是权威和精英阶层向大众传达他们意愿的单向形式，而是大众也可以通过“自媒体”向世界发“声”。一个人可以通过博客、微博、微信、网络视频等形式成为个人观点的传播者，也可以通过论坛、聊天群等形式分享自己的观点，寻求支持者，组织某项活动，比如2012年的“占领华尔街运动”便是通过互联网组织的。

当然，技术的进步也可能带来文化的精英化发展。一个重要的体现是新技术导致新工具产生后，旧工具的实用属性被去除，其欣赏价值部分成为一种收藏文化。比如：进入市场经济以后，计划经济使用的粮票、布票成为收藏品；新版货币普及、旧版货币的流通使用价值低到可以忽略不计后旧版货币成为收藏品；在互联网和手机通讯技术的发展下，邮票和电话卡成为收藏品；等等。另一个重要体现是精英阶层在知识吸收能力方面超过大众阶层，从而，当技术使得信息和思想更容易获得的时候，精英阶层能够比大众阶层吸收更多的知识，增长更多能力，从而增大了大众阶层与精英阶层之间的距离。但总的趋势是，技术的进步使所有人获得信息的难度减小，促进文化从精英向大众普及，削弱精英对文化的垄断。

技术发展对文化也有不利影响，比如造成了很多“宅男宅女”和“低头族”，异化了人类行为。另外，由于人们对固有思维和观点的依赖，技术提供了寻找具有相同想法人群的通道，形成众多越来越细化的圈子，这会不断强化人们已有的思维，对外界的了解反而更不全面和理性，形成一种“井底之蛙”效应。

总之，人的发展的本质是个性的自由舒展和全面发展，技术可以帮助人摆脱自然和社会对个性的束缚，也可以异化人的个性甚至本质。技术的发展造就了工业化思维，在这种思维遭受后现代主义反思和批判的时候，又产生了互联网思维。如今文化界开始对“过度发展”进行反思，表达出高科技对人的异化作用的担忧。

三、现代城镇文化的大众性

精英文化是一种由少数人享有甚至垄断的文化，通常被称为高雅文化。

精英文化通常具有权益性，精英文化主体会主动通过产权保护、鉴赏障碍、消费门槛等实现对精英文化在一定范围内的垄断性。以郭德纲为代表的草根文化主体表达的就是一种对精英文化主体为谋求垄断和身份区隔采取的一系列行为的不满和嘲讽态度。而大众文化则是一种开放、自由、免费、强调共同参与的文化。我国古代民间劳动者之所以没有太多产权保护意识，就因为那些文化是大众集体智慧的结晶。很多精英文化来自于民间，是民间文化的再加工。当代精英文化受产权保护限制或者较难获得，往往具有较强的排他性。有些精英人士为了彰显自己的特殊性，也会营造一定的扩散壁垒，防止文化的大众化。但是，随着技术水平的提高以及商业运作的发展，大众文化的发展越来越兴盛发达。

在当代，随着人们受教育水平的不断提高、知识的普及以及人口快速流动，导致信息流动性增强，大众模仿精英阶层的能力越来越强，从而使文化从精英阶层迅速影响至大众，实现了精英文化向大众文化的发展。

大众文化是一种自由开放、鲜活粗糙的文化，是大众的集体创作，没有版权，有着丰富的内容，比如市井文化、流行文化、快餐文化、草根文化、屌丝文化等，当然也包括某些垃圾文化。一方面，现代社会的创新经常是由大众产生的，虽然比较粗糙，但它们被精英阶层发现并精加工后，变成了一种更为高雅、细腻的东西，许多精英文化就是由此而来的。另一方面，在互联网技术的支持下，信息舆论迅速传播，这给大众提供了更多的表达渠道和话语权，但是也产生了大量的垃圾文化，如暴力文化、淫秽色情文化、假文化、恶文化等。这就需要社会对文化的发展进行监督，及时清理垃圾文化，促进积极健康文化的积累，提升民族文化自信。

第二节 快速城镇化对文化的解构和冲击

一、城镇化对文化的影响

城镇化的结果是城镇人口数量的增加，人口多样性及管制的难度使得城镇文化得以传播。比如，在晚唐以前，商业活动只能在指定的“市”里进行，市场是有围墙的。居民居住为“坊”，坊也有围墙。交换只能在市场里进行，坊墙里面是不允许进行商业活动的。晚唐以后，政府的管制能力下降，加上经济社会的活跃和思想的进步，坊和市才逐渐拆墙。另外，随着等级制度的瓦解，物质精神财富从管制向自由开放转变，使得大众更容易接触城镇文化。进入工业社会以后，城市连墙都没有了，人口的流动性和交通的便利性大大增强。经济社会活动以行政官府为中心的态势被削弱，演变成更多地服务大众的经济产业活动。西方工业化初中期还有商业中心、商务中心等诸多中心，而工业化完成后，基本实现了去中心化。“中心”这个词与经济社会活动及经济社会活动产生的大量城镇文化更加遥远。

城镇化过程形成了多重文化主体之间的对立矛盾关系。第一是城镇本地居民和外来人口因为就业竞争、文化不适、思维不同产生的对立矛盾关系；第二是外地人内部之间的地域文化隔阂；第三是外地人在成为法律意义上的本地居民后的“挤公交车心理”（上车前拼命挤，挤上就开始不顾车下的乘客，赶紧让开车）；第四是旧城改造中被改造群体对生活条件改善的迫切愿望和已“脱贫”文化界倡导“保护”的对立，而以开发商为代表的经济派则不发表意见，低头猛干，以求获得最大利益。多重文化主体之间形成了利益的纠葛、文化的碰撞，成为新的城镇文化及社会矛盾的触发点。

二、快速城镇化对文化土壤的瓦解

所谓“文化土壤”，是指文化生存的社会结构和社会形态，在此将其分为农村类型和城镇类型两种。

古代，我国农村的文化土壤是皇权、神权、族权三权统治的社会结构和社会形态，受儒家思想、三纲五常的影响较大。新中国成立后，农村的自治形式仍然以族权为主。受“五四运动”、“文革”、市场经济和计划生育的影响，族权受到较大削弱，如今已经难以作为农村文化的传承载体。快速城镇化造成大量农村人口外出，由于农村人分散于各地，原来的自治形式难以实施。

城镇是政治、军事、文化的中心。城镇化对城镇文化土壤的影响主要在于人口大量涌入的冲击。同时，在城镇化建设的大力推进下，衙门、宗祠牌坊、古楼、古巷等具有民族特色的市内文化载体被拆除，更减少了传统文化载体的熏陶，降低了传承的直观性。

三、快速城镇化的文化单调性

工业思维入侵文化领域的结果，一方面是使某种文化更加普及和易获得，另一方面是市场过分复制，使得所有文化都往产业化方向发展。我国曾在20世纪90年代提出文化产业和文化事业并重。现在人们对待文化产业最大的误区就是将文化产业等同于文化工业。比如，将剪纸进行扫描后，用工业化生产方式进行批量化生产销售。这个过程里，最初的那个剪纸动作可以称为“文化”，批量化生产的过程则已经变成了纯粹的工业。这种情况下，原本的剪纸过程的多样性就减少了。

工业化支撑的快速城镇化同时带给人的是经济思维的冲击。经济思维，也就是将人作为一个经济学里的“理性人”，他们千方百计以最少的付出获得最大的收益。这种思维模式造成大量的文化——多数为民间手工艺品——的消失。文化多样性因此受到冲击，而盈利文化、企业经营管理等经济理论和快速成功等功利性文化迅速兴盛。

快速城镇化带来城乡居民之间越来越大的收入差距。面对这样严峻的生存形式，人们只好选择功利性文化来促进个人的填鸭式膨胀发展（没有时间消化，对什么都是囫囵吞枣、一知半解，就这样在发展的路上匆匆而行）。为了这种填鸭式膨胀发展，人们选择更功利、更为普通人所接受的文化知识，从而严重阻碍了个人的文化多样性发展。

四、应对快速城镇化下的文化积淀问题

城市的聚集带来了便利和提高了效率，却也疏远了人的心理距离。由于缺乏相应土壤，快速城镇化过程中地域文化在辗转中支离破碎。比如，中心城市方言被普通话强势代替，方言所承载的地域文化正在消亡。

当前快速城镇化进程下，文化冲突包含原住居民与新居民之间的冲突，以及新居民自身由于地域多样性带来的文化冲突。最主要的是前者，其原因主要是原住居民对新居民的身份歧视、文化歧视、习惯歧视。新居民仍然带有农村生活的各种习惯，喜欢依靠熟人办事，不遵守基本准则等，有些时候新居民文化甚至被当作传统封建文化、愚昧文化甚至是犯罪文化的代名词。新居民自己也会有自卑感，觉得难以融入。同时，有些新居民认为原住居民人情冷漠、刻薄，对城镇规则不习惯等。不同新居民之间由于地域文化等的不同，也会有一定的冲突。

快速城镇化提供了一个地域多样化文化聚集的机会。极端的情况是一个城镇集聚齐了全国所有地级市人口和所有民族的人口，并且这些人互相之间都必须产生联系。虽然这种情况不太可能出现，但是完全可以作为一个社会

文化冲突的基本模型，此时体现出来的文化多样性无疑也是极端的。我国历史上有过类似的经验。春秋战国时期，诸子百家各种思想相互冲击，小规模冲突不断发生，从文化冲突到文化交流、融合、变革，促进了文化的大繁荣，产生了大批思想家，但同时也有一些文化演变成了地域歧视。

当然，一定范围内的城镇文化多主体的大规模流动、融合与冲突会促进城镇文化的融合和发展，促进文化多样性的发展，但是如果规模过大或程度过深，则容易产生问题。比如“文化震惊”的程度如果过大，则容易对个体造成危害，甚至会影响文化的融合。“文化震惊”一词来源于社会学，是指生活在一种文化中的人，在接触到另一种文化模式时，心理上产生的压力和思想混乱。矛盾《子夜》中吴老太爷从宁静的农村进入上海，经受不住歌舞喧嚣的上海上流社会的文化模式而一命呜呼，就属于个体“文化震惊”的典型例子。如若城镇各主体之间的文化冲突形成剧烈的地域歧视，则更容易产生社会情绪问题。

当代快速城镇化下进入城镇的农村人，若遇上不可理解的城镇文化，同时受到城镇居民的排斥，亦同样可能产生对立情绪，但是，在没有了农村社会关系的情况下，农村文化的生存土壤已经消失，这部分农村人面对的将是文化空白，亦即社会属性的缺失。在这种情况下，由文化的冷漠和对立，可能造成社会的冷漠、对立乃至冲突。

加强原住居民和新居民的沟通是将文化冲突控制在合理范围之内的必要条件，也是文化新生的必要条件。比如，鼓励微电影、电视剧、电影等关注这一题材，将新居民的困惑或城市居民的生活习惯以较理性和积极的方式展现出来。积极鼓励新生代的农村进城务工人员对自己所闻所见进行文化艺术创作，这样既有利于促进文化的发展，同时也会极大地促进文化的融合，启发更多人对文化的思考，产生更多的思想。最终，在这种城乡文化冲突下产生的文化积淀下来，形成新的、富有活力的城乡文化结合体，也将产生更多的文化创意。

当然，积极促进农民工真正市民化，使新居民享受到城镇的福利是非常必要的。这一话题已经由诸多社会学者、经济学者以及公共管理方面的专家学者提出，在此不作讨论。

第三节　城市品位、个性与内涵的困惑

一、城市品位的误区

城市的品位是由其有价值的内涵和艺术化的外在表现共同形成的产物。品位要在一定的物质和精神基础上才能得到实现。但若没有外在的表现，就如一个穿了脏兮兮的衣服的人，是无法判断他的真实素养的，更无法说明他有品位。

当前，城市品位建设中存在一些误区。第一种也是最常见的是“打肿脸充胖子”型。不重内涵，只重表现，又不知道如何表现，就只好模仿、跟风。比如不管适合与否，实用与否，必要与否，都建设高楼大厦，竞相追逐“高度”，因此“看华夏大地，建高楼大厦，楼宇争相比高”无数次成为务实者口诛笔伐的事情。第二种是“破罐子破摔”型。受到历史影响和惯例限制，城市品位高度不容易改变，城市风貌风格的延续造成了部分城市低品位水平的延续，感觉追求城市品位遥不可及，索性就放弃。第三种是“要面子不要里子”型。受限于财政或时间等，房子刷一下，甚至只刷房子的一面，就以为搞好了城市风貌建设。也有一些城市管理者不顾民众生活，一味追求高端奢华，将商务建筑建设得如古代皇宫般富丽堂皇，普通居民住房却只能如小丑般蹲在一旁。走出商务场所，面对的就是粗劣不堪的居民区。如此金

玉其外，败絮其中，还谈何品位！

二、城市个性的迷失

城市是有生命的。进入一座城市，慢慢了解她，就如慢慢了解一个有思想、有意识、有特色、有影响力的人一样，渐渐让人产生神往之情，如“宗教之城”耶路撒冷，“浪漫之都”巴黎。而城市的风貌、气质、文化、特色等深深影响着一代又一代在此地生活的人，以致生活在本地的人也越来越具备这种特色。

在我国，城市特色对比最明显的是北京和上海。在电视剧《双城生活》中，郝京妮的“铁磁”马翔去机场接身为上海人的郝京妮的未来婆婆徐母，见面后脱口而出的“上海人民生活都挺好的吧”的问候，得到的是徐母匪夷所思的表情。这个场景入木三分地刻画了“北京人”、“上海人”的区别。在政治氛围浓厚的北京生长起来的北京人，无不对政治活动有着执着的追逐热忱，所以才有“北京的出租车司机政治评价能力比一些学校政治系大学生都厉害”的说法。而上海人形成的追求高效、个人生活等个性与之形成强烈对比。北京人豪爽，上海人讲究；北京的建筑气势恢宏，上海的建筑奢华高大。不论是建筑气质还是人的气质都各有不同，体现着城市不同的个性。

作为城市品位和个性的直观展现载体，城市建筑历来是人们茶余饭后的一种谈资。有时候，想到一个建筑，也就想到了那个城市。比如，四合院代表北京，石库门代表上海。可是现在，高楼林立，城市与城市越来越相似，城市内部各个空间越来越相似。千篇一律的建筑风貌不仅出现在小区里，城市与城市之间的相似性导致了大家“南方北方一个样，大城小城一个样，城里城外一个样”的评价。当然，并不是说一样的风格就完全是坏的。在我国古代，城市建筑也是类似的，均讲究方正、对称，统治阶级甚至对不同地位的城市建筑作了较详细的规定。但是，即便在这样的情况下，也不会出现

“千城一面”的现象。现在大家批判“千城一面”，不仅因为建筑完全相同，而且因为这种方式简单粗劣。比如，有些地区将小区取名为国外地名，容易混淆不说，让人觉得不伦不类。有些地方连街道都用国外名称。音译过来的名称又长又没有明确的意义，年纪大一点的人根本记不住。这样粗野的城市建筑个性，让人无从谈起品位。

城市的个性应该是“君子和而不同”。城市层面的“和”，当指“和谐”，有秩序，对科学规律的遵循，具有相对统一的价值观、道德观等。城市层面的“不同”就多了。首先，因为自然气候、地貌地势等特征，各地的城市面貌非常不同，文化基因不同，历史脉络不同，再加上一些创新元素，城市个性便很容易体现了。如北京的政治特征，济南的孔孟文化之道以及浓郁的人文气息，南京古都的都会文化等。在媒体和学术界的呼吁下，城市个性建设渐渐引起重视，但仍存在一定的建设误区，即为创新而创新，为求标新立异而求不同。只有那些能够经受得住时间的检验，得到长久保留的，才算是真正的个性。

除建筑外，城市个性还可以体现在城市居民的生活生产方式、消费习惯、人文特色等方面。城市个性可以是城市历史积淀所散发出来的味道，是或悠闲、或轻松、或紧张、或忙碌的氛围，是人与人之间交流的方式方法，是大街上众人相互对视的表情，是室外景观中或旖旎或庄严的颜色，是深深印记在脑海里的富有标志的城市形象。不论是上海的繁华洋气，还是大连的时尚美丽以及北京的大气恢弘，都让人见过便记忆深刻。只是，随着我国城镇的迅速扩张，城市的特色被湮没于世界化、全球化之中。虽然如上海、大连、北京这样的地方还是比较富有特色的，但更多的城市越来越相似，自己原本很优良的特点却消失殆尽。比如济南，其建筑特色与北京类似，很多地方名称也相似，不仅没有北京的气度，而且丧失了其历史上“泉城”的秀丽，实在是可惜。

三、城市内涵的困惑

“城”一词，原义指城墙，在当代含义中可以引申为实体建筑，在与“业”并提的时候也特指居住区和非产业功能区。“城”加上“市”，也就是“城市”一词，是包括了建筑、产业、社会、文化等复杂内容的非农业事物要素综合体。城市文明是人类文明的精华和最集中体现。

在逻辑上，内涵与外延的关系是，内涵越多，外延就越小；内涵越少，外延越大，所以我们经常说“内涵丰富”其实在逻辑上都是说反了的。城市的内涵和包容性也有类似的关系。很多历史文化名城的居民对外来人口是排斥的。原因是多样的，如就业竞争、交通拥挤、公共资源的占用、文化冲突等。但总有一些愿意接纳和具有开放精神的市民和城市。很多公共资源是因为外地人才有的，比如上海的地铁，如果外地人不进入上海，那计算盈亏情况，很多段地铁都不会建，那么本地人也无法享受地铁的便利。归结一个原因，就是这个城市的本地人势力太大，文化积淀过于深厚，处理不当便成了包袱，影响了这个城市的包容性。例如北京的城市精神是“爱国、创新、包容、厚德”，但包容性一直受到质疑，而深圳、东莞这两个移民城市则在包容性方面最受公认，大概与它们的历史积淀较少，本地人势力相对较弱有关。一个聚集了大量人才，并包容他们各种“怪癖”，积极有效面对文化冲击的城市，才是一个真正富有活力的城市。

四、重塑城市品位、个性和内涵

综观我国当前情况，大城市的建设理念更加先进，在城市品位、个性和内涵的塑造方面更加注重。一些区位偏远或经济发展起步较晚的小城镇，由于历史文化尚没有受到快速城镇化的冲击，其城镇品位、个性和内涵尚未被破坏，也保留了耐人寻味的城市风貌。比如具有“中国书画艺术之乡”之称的山东高唐县，建筑美观宜人，居民热情友好，个性突出，且富有美感和品位。而大部分中小城市，由于在旧城改造、城市扩建、拆迁重建等过程中对城镇个性不够重视，使得建成后的城镇个性大大减少，成为万千相似城市中的一员，被湮没在城市森林之中。

城市的品位体现在城市建设，即市容市貌、景观特色、城市卫生、人的面容、商场环境等各个方面，这一方面是由自然、历史、文化等多种因素积淀形成的；另一方面是执政者和城市建造师们的意志体现。城市个性是城市艺术、品位、文化气息、科技、情感、居民生活习惯和性格、服务态度、自然环境、政府形象、企业特色等的综合体现。城市内涵更多地强调公共知识、公共文化、市民素质、城市精神、城市制度、城市开放性和发展能力等。新时期，建设城市，绝不能简单地“除旧布新”，而更应该注意传承、保护和发展历史文化，着力于对城市自然和文化、城市精神、城市制度等的建设。提升城市品位，一方面要注意吸收先进的经验，寻找合适的城市规划和体现方式；另一方面要注重地区特色和市民文化特色。凸显城市个性应该挖掘城市历史文化精神，在塑造个性的时候，不以创新而创新，而是提倡以让人民生活更好为目的的创新。在城市发展的基础上，提高城市社会生态和环境生态多样性，以开放式包容的态度，接纳城市变化，接纳外来人员，加强区域合作等。

第四节　从硬实力到软实力的城市竞争

一、城市竞争的兴起

城市竞争是一个比较古老的话题。纵观城市的发展历史，从城市的诞生之日起，各个有联系的城市间，存在协作关系的同时，还存在政治、经济、文化等各方面不同程度上的竞争，只是各个阶段、各个地区的城市竞争的程度、方式、目的、过程以及影响等不同而已。在现代城市竞争中，积累城市竞争优势的核心是提升城市竞争力。

关于城市竞争力的研究，国内外皆较多。笔者认为，目前国内对竞争力研究深入、联系实际且影响广泛的是中国社会科学院城市与竞争力研究中心主任倪鹏飞。倪鹏飞认为，城市竞争力是一个具有明确直观含义却又不易精确把握的概念，它主要是指一个城市在竞争和发展过程中与其他城市相比较所具有的吸引、争夺、拥有、控制和转化资源，争夺、占领和控制市场，以创造价值，为其居民提供福利的能力。城市竞争力是一个复杂的混沌系统，深受其影响要素制约，且竞争力的形成不是单个要素作用的结果，而是诸多要素共同作用、综合影响的产物。本章采纳倪鹏飞博士所说的城市竞争力概念，且采纳他对影响城市竞争力要素的概括：

城市竞争力 = 硬竞争力 + 软竞争力 = 城市产业竞争力之和

硬竞争力 = 人才竞争力 + 资本竞争力 + 科技竞争力 + 结构竞争力 + 基础设施竞争力 + 区位竞争力 + 环境竞争力 + 聚集力

软竞争力 = 秩序竞争力 + 文化竞争力 + 制度竞争力 + 管理竞争力 + 开放竞争力

二、城市硬实力向软实力的跨越

（一）硬实力竞争

硬实力所包含的竞争要素在传统的城市竞争中起到主导性和决定性作用。硬实力是显性的、直观的，能直接发挥效力的，是城市的物质力量，包括人才、资本、科技、基础设施等。城市要生存和发展，离开了硬实力，既谈不上生存，也谈不上发展，更谈不上竞争。

改革开放以来，国内城市普遍采取以“发展主义”为中心的追赶战略，城市发展被简单理解为经济发展，尤其是经济总量的扩张。以经济发展为目的提升硬实力始终是政府工作的核心内容。硬实力导向的城市发展与现代化、工业化建设密切相关。城市发展以经济建设为中心，招商引资成为政府的主要工作。硬实力的增强为城市发展带来显著的提速效应，尤其表现在城市快速与高密度的改造与建设上。短时期内，大面积的旧城拆迁与改造全方位展开，取而代之的是现代化与标准化的高楼、大厦、广场等，现代化的城市发展与设施建设显著改善了城市的人居环境，优化了城市整体形象，提高了城市的现代化水平。

（二）城市软实力

软实力的概念诞生于国际关系领域，由哈佛大学肯尼迪政府学院前院长约瑟夫·奈（Joseph Nye）教授于1990年提出，原来指的是某个国家依靠文化和理念方面的因素来获得影响力的能力。在奈的理论中，软实力的来源有四个方面，即制度、价值观、文化和政策，实际上四者都可以归属于广义的文化。中共十七大首次将“提高国家文化软实力”列为国家发展战略。

在城市竞争力研究中，软实力是相对于国内生产总值、城市基础设施等硬实力而言的，是指一个城市的文化、价值观念、社会制度等影响自身发展潜力和感召力的因素。城市的软实力内涵包括三个层次，分别是资源层、表现层和功能层。

资源层是软实力的来源与基础，包括城市文化、城市创新力、公共管理和城市沟通力等非物质要素。软实力资源不等于软实力，它能否转换成为软实力以及软实力的强弱，既依赖于特定的情景（如城市文化相似度），也依赖于城市所拥有的传播力和关系资本。

软实力的表现层是软实力发挥作用的方式，它不同于硬实力，主要通过说服、导向、吸引和同化的方式发挥作用。

软实力的功能层则体现在城市发展中的战略作用，即破解城市政治、经济、社会发展“瓶颈”，降低城市发展成本，维护城市经济社会的可持续发展并帮助城市融入区域经济之中，成为区域、全国乃至全球城市网络中的重要节点。

（三）城市硬实力和软实力的辩证关系

软实力和硬实力共同构成了城市竞争力，两者相互联系，不可分割。一方的存在以另一方的存在为前提，每一方都要通过对方来说明自己，失去对方就等于失去自身。老子说“有无相生，难易相成，长短相形，高下相倾，音声相和，前后相随，恒也。”说明矛盾双方互相依存，互为前提。软实力在不同城市虽然有强弱之分但无有无之别，它们不可分割地蕴含于城市之中，没有硬实力的软实力和没有软实力的硬实力都是抽象的无。

硬实力是软实力的载体和基础。软实力资源的积累以及软实力资源发挥效力都需要物质财富的支撑，如文化遗产的保护，城市特色建筑、景观的设计施工，信息传播网络的构建，无不需要城市硬实力作为保障。软实力是硬实力的灵魂和延伸，每个城市的资源禀赋不同，仅仅依靠硬实力还不足以充分利用城市的各种资源，而结合城市软实力的影响力和吸引力，城市资源将得到更加有效的利用，综合提升城市竞争力。

从历史角度着眼，大到一个国家，小到一个城市，软实力和硬实力必定保持相应的协调关系，一软一硬的跨层级的错误现象不会长期存在。近年来，随着社会经济的高速发展，中国城市化进程进入高速发展期。在城市化建设初期，政府过于重视以 GDP 为导向的硬实力发展而忽视了城市的基本居住功能、公共服务体系建设以及城市文化的挖掘和塑造等软实力建设，国内多个城市甚至成为“鬼城”，说明我国城市发展中硬实力与软实力已经出现失衡。

城市竞争的重点从硬实力转向软实力已经成为趋势，强调回归城市的目的导向，关注城市的内在精神，凸显城市的个性与文化，将成为未来城市在竞争中取得优势的关键。软实力对于在全球化、信息化、工业化和市场化背景下进行的中国城市化进程而言，具有重要的战略意义。

（四）发展城市软实力的客观需求

在工业化的起飞阶段，城市间的竞争首先拼的是经济和物质财富的积累，即硬实力的竞争；而到了后工业化阶段，软实力成为城市竞争力的最重要的因素之一，成为社会经济可持续发展的一种深层动力。

在我国工业化进程中，由于过度强调城市硬实力的提升，软实力的提升相对滞后，城市发展遇到了一系列的问题，包括：遭遇资源和环境“瓶颈”，社会贫富差距拉大，城市创新力匮乏，政府公信力下降，文化事业和文化产业发展滞后等。这些问题对内影响城市的可持续发展，对外降低城市综合竞争力。

提升城市软实力，一方面是解决城市硬实力发展过快带来的城市问题的需要，起到平衡作用；另一方面是城市发展面临“瓶颈”后，促进城市转型升级的动力来源。基于我国城市软实力相对薄弱的现状，发展城市软实力已经成为新型城镇化建设的客观需求。

三、提升城市软实力

（一）建立专门组织

与硬实力可以快速实现效益不同，软实力的作用是隐性的，同时是一个长期的过程。因此，提升城市软实力必须建立专门的组织以作为保障。作为非营利性组织，地方政府在发展城市软实力中应该起到主导作用。

（二）发展文化产业和创意产业

城市软实力的提升可以文化产业和创意产业的发展为突破。文化产业和创意产业的发展有助于增强城市活力、延续城市文脉、提高居民生活品质进而提高城市凝聚力，塑造良好的城市品牌形象。同时，文化产业和创意产业具有很强的经济效益，有利于提高城市的区域吸引力和影响力。以伦敦的城市软实力建设为例，伦敦是举世公认的创意产业之都，创意产业是伦敦仅次于金融和商业服务的第二大产业部门，在创意产业发展方面具有很强的示范效应。比如，伦敦将停止运作的河畔发电站改造成闻名于世的泰特现代艺术馆，并使老工业区泰晤士河南岸成长为著名的创意产业集聚区，不仅使老工业区得以再生，还成功地延续了城市的文脉。借助在电影、广播、出版、音乐和时装等创意领域都居世界领先地位的优势，伦敦大大增强了全市的文化活力，提升了其国际形象以及国际信息沟通力。

（三）做好城市营销

有效的城市营销可以发挥城市软实力的战略作用。成功的城市营销不仅对城市起到宣传作用，更能提升城市吸引力。许多国际大都市都有自己的城市营销机构，如纽约有纽约营销开发公司、纽约重大活动公司和纽约旅游会展局三家机构；伦敦在2005年成立了城市品牌推广机构——无限伦敦，该机构与伦敦发展署、伦敦旅游局、伦敦招商投资局等机构共同承担伦敦的城市营销功能，打造伦敦宜游、宜商和宜学的城市品牌。

第五节　塑造富有魅力的城镇品牌

随着我国城镇化进程的加快，“形象工程”遍地开花，停留在基础设施开发方面的城市建设，成为“千城一面”的重要原因。内涵型城镇化发展的要点在于塑造富有内涵和魅力的城市形象，远离“千城一面”。而城市文化、地理特色、物质资源、经济发展、城市精神、核心价值、价值取向等的集中表现，就是城市品牌。城市品牌是城市的最核心评价点和城市建设的方向，不仅影响着城市的形象，对城市的发展也具有深远的影响。作为一项系统工程，城市品牌的建设是内涵型城镇化过程中必不可少的。

关于城市品牌的建设，已经有许多学者、专家以及爱好者进行了研究，研究范围包括不同视角的城市品牌概念、城市品牌的定位、城市品牌的塑造模式、城市品牌塑造的策略和方法等，研究内容逐渐增多，对某些方面的研究也已经比较深入，但由于我国对城市品牌的研究时间并不长，所以仍然存在很多空白，需要进一步研究。

一、更新“营城”理念

作为城市文明起源较早的国家，中国早在西周时期就有了“营城”的概念。那时候营城主要是指建造城市。现在，营城作为一种继承传统、顺应时代潮流的理念，具有了更丰富的内容，其含义至少包含了营销城市、经营城市和运营城市三个层次。

第一个层次，营销城镇。营销城镇起源于城镇之间竞争的需要，最直接的是城镇吸引投资的竞争，延伸至人才竞争、产业竞争和形象竞争等。由于营销概念起源于微观市场的企业市场营销，因此，在营销城镇的提法下，容易把城镇当作一个纯营销单元和商品来对待，忽视城镇中的非经营性部分，亦即忽视城镇中的公益事业。

第二个层次，经营城镇。“经营”同“营销”一样，最初也是来自于企业管理，其目的在于获得更多的利润，放在这里就有强调城镇投入产出的意思，是将城镇作为一个经济单位，在以 GDP 增长或者经济效益为目标的前提下对城镇进行经营，更加强调经济效益。

第三个层次，运营城镇。运营是指维护系统活力的手段、方式和过程等。运营城镇是指以打造城镇核心竞争力为中心。相对于经营城镇，它除了强调要有经济效益之外，还强调城镇的系统活力，从而对社会经济可持续发展、人民生活幸福等提出了要求。

二、寻找城镇的核心价值

城镇的存在价值应该是以人为本的价值，所以城镇的核心价值应该是促进人的发展。随着城镇化进程的加快，基础设施不健全、生态环境变差、城镇越来越难以提供居民生活的优良环境等问题，反而变成经常受到批判的、与居民生活相对立的压迫性的力量。一方面，城镇不能为原始居民提供稳定、和谐的生活环境；另一方面，城镇难以使新居民感受到生活的舒适，而更多的是排斥甚至歧视。

当前我们这个社会太强调“变化”，相对不变的东西似乎越来越少，而这种不容易变的，才可能是“核心”的。在以人为本的基础核心价值之上，每个城镇还应该有独特的核心价值。比如北京的首都价值，深圳的特区价值，香港的“东方明珠”价值，澳门的赌城价值等。相对于这些大城市，小城镇的独特核心价值难以确定，更是一项艰巨的任务。

核心价值的挖掘，涉及城镇的历史、人文积淀和特色，同时也涉及未来城镇的发展方向及道路。

三、确定城镇品牌定位

“定位”一词最早来源于航海领域，所以其第一个意思是“确定位置”，后来被应用于“确定角色”。此处的城镇品牌定位就是指确定城镇角色，是城镇希望在受众心中形成的印象。

城镇的受众是多样性的，但是真正的城镇品牌又存在于城镇受众（或利益相关者）的心中，这就造成了城镇品牌定位的难度。城镇品牌最终是由城镇内部利益相关者的满意度（政府、投资者、居住者、工作者、创业者和求学者等）和城镇外部利益相关者（旅游者、城镇品牌研究者、上级政府部门、社会学家、经济学家等）对其积极接触产生的感受驱动所形成的。不同的受众群体，对城镇的需求不同。比如投资者，他们关注的是城镇经济发展水平、城镇人力资源状况、城镇生态及人文环境对所投资产业的影响、政府服务状况、城镇发展势头等。对于暂居者来讲，他们关注的是城镇视觉形象、生态环境、舒适度、窗口服务等。对于高级人才来讲，他们关注的是生活便利、生态环境、城镇视觉形象、公共服务、城镇产业发展情况、城镇文化、城镇气质、城镇个性等。对于城镇居民来讲，他们关注更多的是生活便利度、生态环境、产品质量、公共设施建设情况、政府服务等关系切身利益以及生活的问题。若城镇具有某些特色功能，如政治功能、旅游休闲功能、经济功能等，还需要具有相应的政治特色、旅游休闲景观和服务产业服务等。因此，城镇品牌的建设是多维度的。

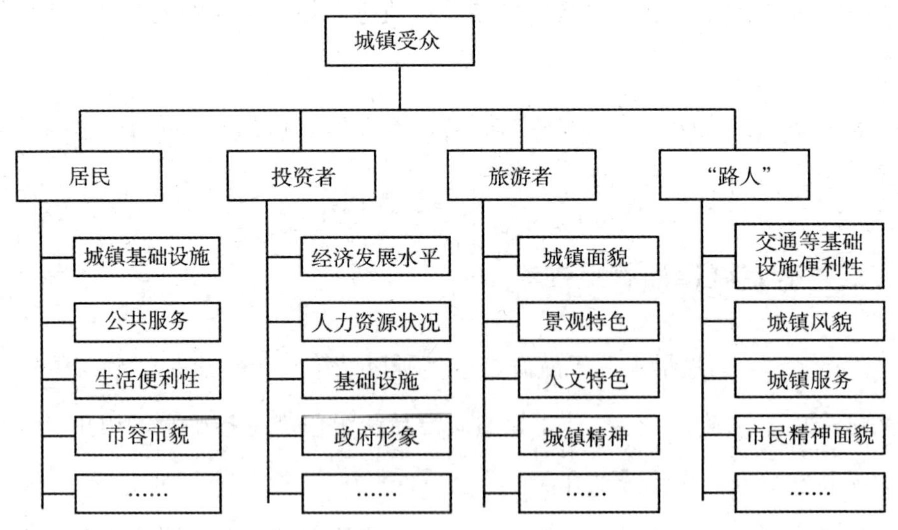

图 6.1　不同城市受众对城市的关注

城镇品牌的定位方式有两种：一种是积淀，根据历史遗留下来的、已经成名的或者已经确定的功能定位等进行建设，使其传承下去；另一种是提炼，就是根据城镇已经做了的事情进行思想加工，寻找一些切合城镇实际情况，能够传承的图形、文字等，形成一定的体系，促进城镇的宣传。

四、塑造城镇识别系统

随着对城市研究的深入，理论上，城市形象的塑造早已不是简单停留在城市市容市貌方面，但综观我国的城镇建设实践，城市市容市貌仍然是一个难以解决的问题，“脏、乱、差”现象仍然是很多城市具有的风貌。

城镇视觉识别系统作为最直接、最有效地塑造城市形象、识别城镇特性、打造城镇知名度的方式，是城镇品牌的外在体现，是城镇长期物化劳作形成的物质环境和外在宣传的直观表现。城镇识别系统包括市标、市徽、城镇建筑、自然风光、地貌形态、绿化特色、城镇人文设计（雕塑、标语、城市涂鸦等）、城市交通系统等。对外的宣传包括城镇图像、城市标准色彩、城市标语、城市吉祥物、城市形象代表等。

城镇识别系统的设计应该尊重历史、缅怀人文，遵循特色化、系统性、整体性，其理念应从城镇规划设计开始嵌入式建设和发展。塑造城镇识别系统，应注重经济实用的成本意识，尤其是户外建筑装饰等，应考虑户外设施要经历的气候、地理条件变化，如风吹日晒等，在实用美观的同时尽可能选用价格低且不易腐蚀，同时容易维修的材料。

“城镇家具”包括公共汽车、汽车站牌、电话亭、出租车、路灯、路边景观、城镇公园、街头涂鸦等，具有很强的识别性、文化体现性，用好了可以很好地体现城镇内涵。

五、倡导城镇特色文化发展

城镇文化是城市的魂魄，是历史的积淀，是一个城市特色的最集中体现，是城市内涵形成的最主要影响因素，也是城市品牌最具竞争力的点。也是最终构成城市核心价值的一个重要方面，一个地区的文化特色越鲜明，就越能赢得世人的关注。比如拥有“京派文化”的北京、“海派文化”的上海和创新文化的硅谷。

城镇文化的经营，要依托城镇文化、历史、人文、地理环境等的积淀，寻找出城镇文化的核心内涵，通过对文化的创新设计，重点突出地进行全方位经营，在经营过程中保证其连续性，促进城镇文化的生命延续。

六、塑造城市整体形象

“城市形象”最早由凯文·林奇（Kevin Lynch）提出。最初的“城市形象”塑造具有一定的美学色彩，19 世纪末的美国“城市造美活动”就体现了这一点，它成为最初注重城市景观设计的城市形象塑造典范。

要做好城市的市容市貌、环境和交通情况以及城市识别形象系统的建设，需要进行适合本地发展的、科学合理的、实际可操作性强的城市规划、交通规划、城市建筑与景观规划、概念策划，需要有能够理解城市发展理念的城市运营商、项目管理公司。为提高城市受众的切身感受，需要有良好的服务体系设计，包括城市运营管理服务、服务业发展规划、服务标准系统及监督检查系统等，从而达到城市受众的满意度和愉悦度。城市设计作为城市开发建设的依据，是城市形象的基础，应该是建立在科学的城市定位基础之上，不应该随着政府领导的更替和规划设计者的偏好而任意改变。

七、构建城镇品牌的步骤

城镇品牌的建设是一项系统工程，它包括品牌识别、品牌差异性和品牌个性。这些可由塑造城市识别系统、打造城市特色、发展城市个性等来实现。

第一，城市品牌的塑造、城市文化的发展、城市品位的体现、城市形象识别系统的构建等，都是基于城市整体定位上的。也就是说，必须有一个城市发展的总体定位、总体思路，才能制定城市品牌战略。比如大连以“小而精”为定位，在经济发展战略中注重城市美观、环境保护，举行各种庆典和文化体育活动，提高市民素质，塑造了大连人民高素质和大连美丽、干净、整洁的形象，大大提高了大连市民的城市自豪感，对大连后来打造名牌企业园、大学园，促进人才引进等带来巨大的吸引力。因此，在城市品牌建设之前应该首先进行明确的城市发展定位。

第二，依据城市文化、城市精神、城市个性、城市内涵、城市资源等现有特点，充分考虑未来城市发展需求，对城市品牌进行高层设计，确定城市品牌定位。城市中某一产业品牌、某一物产品牌、某一历史资源品牌、某一特色建筑等都可成为城市名片中的重要部分，甚至有可能代表城市的最大特色，如北京故宫、青岛海尔、大连软件园、哈尔滨冰城、烟台苹果等。因此，建设城市品牌，应鼓励深入挖掘与城市品牌定位相适应的城市特色资源并充分利用，打造多样化统一系统特色的城市品牌元素。

第三，实施城市品牌营销战略，包括内部营销和外部营销战略。城市品牌内部营销战略的目的在于赢得城市内部受众的观念认同、精神认同和行动支持，具体方式如增加公共广告牌、标语、市电视台及广播电台的宣传，制定相应的鼓励、奖励措施。城市外部营销战略可通过电视、网络、报纸、杂志等媒体进行，如城市形象片的投放，也可通过参与各种城市评价排名等工作来进行，同时也要争取上级权威部门认可，如葫芦岛“中国筝岛”品牌形象的确定。在对外宣传过程中，可以采取组合式措施，对城市有整体宣传也有分专题宣传，有效区分受众群体，划分城市宣传的细分市场，如投资市场、产业市场、旅游市场、人才市场等，充分发挥社会力量，如行业协会、志愿者组织等，对城市行业产业情况、企业品牌进行专项宣传。

由于城市品牌是一个关乎城市发展的重要因素，自然组织管理者是本地的政府部门，建议重视城市品牌建设的城市成立专门的城市品牌运营管理部门，负责品牌的建设、运营、管理、维护，为城市品牌建设工作提供保障。同时制定城市品牌建设规划，包括城市品牌定位，城市品牌资源的挖掘、包装，城市品牌的打造和宣传策略，城市品牌建设的管理流程和内容。

第七章 内涵型城镇化中的技术因素

第一节 交通技术对城镇化格局的强烈影响

一、城市交通系统对空间格局的影响

城市交通系统的发展对城镇空间格局具有引导作用，交通方式的改进和交通路网的建设是引起城镇空间格局演变的主要原因，每一次交通方式的改进和交通路网的建设都会推动城市空间格局的演化。

首先，由于城市土地的开发利用通常是沿着交通线展开的，各种市政基础设施也大都集中于交通干道两侧，交通线网的建设势必引起城市土地利用格局的变化。

其次，城市交通方式的改进和交通线网的建设提高了交通速度及节约了交通时间，改变了出行可达区域的大小，引起整个城市空间可达性的变化，进而引起人们各种生产生活活动的重新区位选择，并直接表现在城市土地利用上，引起土地价格、土地区位、空间分布等土地利用特征的变化，使整个城市土地利用格局发生改变。

最后，交通基础设施直接导致了不同的甚至新的城市形态。如临空经济

区、地铁站口珠链式商圈、BOD新城、临港新城、高铁新城等，都是当前阶段城镇化的热点概念。

二、城市空间格局对交通系统的影响

土地是交通供求矛盾的主要“瓶颈”，决定着城市的交通供需关系与空间分布特征，从宏观上规定了城市交通的基础，因此城市空间格局变化将客观影响交通系统的空间布局。

不同的城市空间格局有不同的交通需求特征，必然要求相应的交通系统与之适应。如团状城市的交通系统布局一般采用“环形+放射”或者“环形+棋盘+放射”形，带状城市呈“带形”，组团城市则一般是“放射状网中网”形，因此城市空间格局的变化将引起城市交通系统空间布局的重新选择。

城市空间格局的变化将引起交通产生和交通吸引特征的变化，从而影响到交通设施的供给和交通线网的布局，改变城市交通系统的特征，引起新一轮的交通系统发展。

综合起来，城市交通系统与空间格局之间的作用过程是双向的，城市交通系统的发展引导城市格局的演化；反之，城市空间格局变化也客观上影响着交通系统的空间布局。在城市发展过程中，交通系统与城市空间格局互相影响，互相制约，两者相互循环作用，形成一个互动反馈的作用环。

三、我国城镇化进程中存在的交通运输问题

总体上看，我国交通运输网络基本形成，较好地支撑了城镇格局的形成，但还存在一些问题亟待解决。

（一）基础设施供给方面

一是相关交通发展规划缺乏统筹协调。如城市和城际交通在规划中的不

协调，存在路网与路网之间不能有效衔接，各种运输方式在综合枢纽尚不能有效衔接的现象，难以实现资源整合等。

二是城镇（群）际的干线交通体系不够完善。国际门户节点城市“门户——腹地”范围狭小或产业空间与交通腹地空间不一致。以上海为例，上海的经济总量在全国居于前列，在大城市中排名最前，但是上海经由铁路网辐射全国的腹地很小。又如中部的武汉地区属于华东经济区范围，应强调与上海口岸的衔接，但从铁路的可达性来看，它又属于北京的交通腹地，明显与产业空间不一致。类似的还有，北京—天津作为政治中心组团，有太多的铁路线和航空线路在此交会，人流交通流量大，却无法与其产业定位相匹配，而华南的广州和香港，南北向过境交通相对发达，而向其内陆腹地湖南、广西的连接则相对不足。东部沿海城镇带交通通道能力极不均衡，特别是铁路差异较大，有些通道绕行严重。东西部核心城镇群连通体系中交通枢纽数量不足，现有规划中的大通道被异化为城际交通，断头路现象普遍，造成大通道的大不通小通、整体不堵局部拥堵的情况。西部区域不论是公路还是铁路的发展，整体上仍较落后，大通道建设仍需加强。

三是在城镇群内部和中心城市的发展中，交通尚未形成放射线＋环线的体系，已建成的交通网也存在功能上的不合理。放射线＋环线的路网体系一般是围绕经济中心城市的圈层体系形成的，需要构筑围绕港口城市、商贸中心城市等的交通集散体系，而我国目前的城镇群却大都围绕政治中心展开，城镇群内部通道的交通功能配置也不尽合理：需要城镇紧凑发展的地区，往往缺乏铁路或快速城际轨道交通；需要功能差异化的城镇体系，往往缺乏通道型的高速公路连接，反而是城际短途交通系统偏多等。高速公路走廊与区域中小城镇发展战略不协调，未能充分促进小城镇的形成与发展。同时，有统计资料表明，我国建制镇90%以上都是依赖于过境公路发展起来的，也叫公路街道化。依公路两侧发展起来的小城镇不仅造成交通安全隐患，也影响小城镇居民的生活质量，这是在今后小城镇发展中需要引起高度重视的。

（二）交通运输服务方面

从运输保障能力看，我国车、船、飞机运力快速增长，沿海港口货物和集装箱吞吐量连续多年保持世界第一，铁路完成的旅客周转量、货物发送量、货物周转量、总换算周转量均居世界第一位。就存在的问题而言，一是服务质量不能满足国家经济社会的需要和人民群众的出行需求，特别是在服务的内容、服务的方式、服务的规范等方面差距较大，目前应该说基本解决了“走得了”，尚未能达到“走得好”；二是由于多种因素作用，运输安全的隐患较多，特别是道路交通安全事故频发，交通安全依然是政府在安全领域中的工作难点和重点；三是城乡客运一体化的体制机制障碍尚未彻底消除，有关公共财政保障制度需进一步落实。

四、新型城镇化对交通运输的新需求

新型城镇化发展道路，从交通运输的角度看，就是要从空间视角，从全区域的角度关注城镇化发展的动力成因、布局形态，关注具体区域的阶段性发展态势、功能定位，关注由于人口的“非农化”带来的集聚分布情况和由此引发的新的交通需求。

从我国城镇化的空间变化趋势看，东部地区以城市群为龙头的城市网络化格局将进一步发展；中部地区以点轴式发展为主要特点；西部地区以中心城市为核心的发展格局将进一步增强。总体上看，城镇群作为城镇化的主体形态，将会在完善城镇化空间格局和城镇体系，推进城镇化进程中发挥突出作用。作为实施城镇化战略的重要一环，小城镇的发展也会加速。由此，城镇化所带来的交通需求主要表现在：一是城镇旅客出行量快速增长；二是客货运需求结构发生变化，出行目的多样化、个性化需求提高、中转换乘的需求大幅增加；三是城际交通高速化、快速化通道需求增加；四是城市交通基础设施压力增大，特别是大城市内不同城镇组团间的大运量快速通勤的公共交通需求加大；五是城市过境交通比重增加，城市群区域内各城市过境交通流量需合理组织疏导；六是城市密集带资源日趋紧张，对交通运输的集约化、生态环保提出更高要求。在交通部副部长冯正霖发表的《适应新型城镇化的交通发展》中写到根据发达国家的经验，人均 GDP 达到 4000 ~ 6000 美元时，城镇居民一般每年平均出行 35 ~ 40 次。我们按平均值 38 次测算，预计到“十二五”末，我国城镇居民每年平均出行次数约为 280 亿人次，平均每天约有近 7600 万人次出行，以城镇居民年均出行距离 112 公里测算，每年将产生 3.1 万亿人公里左右的运输需求，与此同时，按一般城镇居民出行次数是农村人口的 7 倍经验值测算（即按照农村人口年均出行 5.5 次和平均出行距离 22.5 公里测算），农村也将有 800 亿人公里的运输规模，也就是全社会旅客总运输规模大约为 3.2 万亿人公里，出行总次数达到 23 次左右，是现在的 1.3 倍，出行平均半径将突破 100 公里。

按照我国以城镇群为核心的“多元、多极、网络化”发展格局（“多元”是指不同资源条件、不同发展阶段、不同发展机制和不同类型的区域，要因地制宜制定城镇空间组织方式和发展模式；“多极”是指依托不同类型、不同层次的城镇群和中心城市，带动不同区域的发展，落实国家区域协调发展总体战略；“网络化”是指依托交通通道，形成中心城市之间、城镇之间、农村之间的紧密联系、要素自由流动格局），其对交通具体的需求也分为三个层次。

第一层次是城际干线交通需求，主要表现在东部城镇群与内地之间、东部沿海城镇带内部城镇之间的多式联运，东西部城镇群之间和西部城镇群之间的运输通道的联系需求等。

第二层次是城镇群内部的差异性交通需求。主要表现在由于地区差异和基础条件差异，东、中、西部城镇群分别在不同发展阶段和不同空间形态中的交通需求。如处于城镇化初期中的地区（中西部欠发达地区），交通需求出行距离较短，城市客运交通压力不明显；处于城镇化发展加速起步阶段的地区（中部六省、成渝、贵昆、关中、河西地区等）交通需求急剧增加，物流速度加快，货运通道需求增大，居民出行距离加大，城镇机动化水平迅速提高；处于城镇化发展成熟期的地区（东部和东北部地区、长三角、珠三角、京津、辽中南、长株潭地区等）交通需求出行次数越加频繁，交通的便捷性以时间半径来度量，出行距离大幅增加，在城市交通模式上追求运量大、速度快、节能、环保的公共交通系统，综合运输体系建设也成为重要的需求。

第三层次是中心城市拓展和郊区化引发的交通需求。主要表现在：一是过境交通改善需求。要求处理好交通节点城市的外围交通、合理绕行和城市交通流与过境交通混行干扰的需求。二是郊区化引发的交通改善需求。由于工作地和居住地的分离在城郊间产生大量的潮汐交通现象，即产生上下班高峰通勤流。三是城乡发展一体化引发的交通需求。要求将城市与小城镇及近郊的交通统筹协调，一体化发展；将农村交通的发展纳入政府公共服务的重要内容，实现城乡道路客运基本公共服务均等化。

五、交通运输发展政策措施建议

根据新型城镇化的发展特征与需求，并且结合我国交通发展现状及问题，建议交通运输部门在推进城镇化的进程中，重点推进以下四项事宜：

强化区域性综合交通体系建设。大力发展城镇群之间的交通大动脉，重点在大城市带沿线或有重要战略价值的“河谷走廊地带”等进行综合路网规划。健全东西部城镇群之间的交通体系连接，加快发展西部城镇群之间的高速运输路网体系。主要是构筑西部核心城市城际“点到点”的快速客运系统，如西安、兰州、成都、重庆等地，加快客运专线（高铁）和高速公路支线项目建设。

加强区域性不同运载设施的换乘衔接便捷程度。统筹谋划全国综合交通枢纽布局规划，科学规划和划定不同层次的交通枢纽，早日建成一批功能完善的现代综合交通运输枢纽。以电气化、信息化技术为支撑，完善全国联网售票、动态监控、安全运行、科学调度、高效便捷、人性化服务的交通运输客运系统。

大力推进绿色公交优先战略，加快城镇绿色公交大覆盖进程。在新型城镇化进程中，要以城市绿色公共交通为骨架引导城市发展，以引领主导型发展替代过去的配套型发展，科学划分城市功能分区，使多数市民在各自功能区内能够得到工作与生活需求的满足，进而减少城市交通的潮汐波压力。通过实施合理的规划实施、路网优化、工程建设、信息传播等措施，提升公共交通对市民的吸引力，从根本上控制城市出行结构和交通需求总量。实现主城区公交站点500米覆盖率超过90%；实现主城区内500米上车、5分钟换乘；两万人口以上的居民社区配套建设公共换乘枢纽或首末站。

积极发展农村客运服务，推进城乡客运一体化进程。在“十三五”规划期间，力争建成功能完善、衔接便捷、运输安全、服务高效的城际、城市、城乡、镇村四级客运网络，实现全国乡镇客运全覆盖，县城外20公里缓冲区范围的农村客运线路公交覆盖率超过30%。城镇化的发展必将提升公路客运的规模和客流频率。要抓住这一趋势，改革镇村客运线路规划与管理模式，结合各地经济发展水平与客流需求，积极推广农村客运经营模式。尽快完善农村客运的公共财政保障制度，构建多级公共财政保障体系，使城乡居民共享基本公共服务。

第二节　智慧城市对内涵型城镇化的推动作用

一、智慧城市的概念

智慧城市是把智能技术充分运用在城市的各行各业之中的、基于知识社会下一代创新（创新 2.0）的城市信息化高级形态。智慧城市基于物联网、云计算等新一代信息技术以及大数据、社交网络、Fab Lab、Living Lab、综合集成法等工具和方法的应用，营造有利于创新涌现的生态，实现全面透彻的感知、宽带泛在的互联、智能融合的应用以及以用户创新、开放创新、大众创新、协同创新为特征的可持续创新。

智慧城市包含着智慧技术、智慧产业、智慧（应用）项目、智慧服务、智慧治理、智慧人文、智慧生活等内容。对智慧城市建设而言，智慧技术的创新和应用是手段和驱动力，智慧产业和智慧（应用）项目是载体，智慧服务、智慧治理、智慧人文和智慧生活是目标。具体说来，智慧（应用）项目体现在智慧交通、智能电网、智慧物流、智慧医疗、智慧食品系统、智慧药品系统、智慧环保、智慧水资源管理、智慧气象、智慧企业、智慧银行、智慧政府、智慧家庭、智慧社区、智慧学校、智慧建筑、智能楼宇、智慧油田、智慧农业等诸多方面。

智慧城市是智慧地球的集中体现，是 Cyber－City、Digital－City、U－City 的延续，是创新 2.0 时代的城市形态，也是城市信息化发展到更高阶段的必然产物。但就更深层次而言，智慧地球和智慧城市的理念反映了当代世界体系的一个根本矛盾，就是一个新的、更小的、更平坦的世界与我们对于这个世界的落后管理之间的矛盾，这个矛盾有待于用新的科学理念和高新技术去解决。此外，智慧城市建设将改变我们的生存环境，改变物与物之间、人与物之间的联系方式，也必将深刻地影响和改变人们的工作、生活、娱乐、社交等一切行为方式和运行模式。因此，本质上，智慧城市是一种发展城市的新思维，也是城市治理和社会发展的新模式、新形态。智慧化技术的应用必须与人的行为方式、经济增长方式、社会管理模式和运行机制乃至制度法律的变革和创新相结合。

二、智慧城市在城镇化建设中的作用

智慧城市通过对各种信息、通信等新技术的应用，能够满足城市居民的各种需要，并且通过对城市各种信息、数据的整合，能够在政府决策、城市治理、社会管理等方面起到非常重要的支持和帮助作用。

第一，智慧城市有利于提高居民的公共服务水平，尤其是中低收入人群的公共服务水平。智慧城市能够通过各种信息技术手段，有效配置公共服务资源，提升居民公共服务水平。同时，智慧城市能够有效提高低收入人群的公共服务水平。

第二，智慧城市有利于政府更好地进行决策。智慧城市可以通过对城市信息数据的整理，帮助城市政府制定更好的规划、产业、就业、投资等方面的决策。其中，巴塞罗那通过智慧城市建设，将城市供水、污水处理、能源网络、交通系统、绿色环保等各种基础设施、信息基础设施信息全部纳入数据库，能够对城市基础设施投资进行决策支持。

第三，智慧城市能够加强城市治理。智慧城市可以通过信息技术及时了解城市管理中存在的问题，提升政府城市治理的效率。其中，伦敦利用数字智能系统对城市交通拥堵进行治理，有效缓解了城市交通拥堵的现状，提高了众多驾驶者的效率。

第四，智慧城市可以实现城市政府与居民之间的良性互动。智慧城市能够通过信息技术使城市政府与居民之间的沟通更加便利、快捷。智慧城市建设要通过构建一种平台，让政府、企业和居民坐下来相互沟通。其中，伦敦的微工作平台能够及时将居民的需求反映到政府和企业手中。我国宁波市在建设智慧城市中，通过微博、统一电话平台等多种信息方式构建城市政府与居民之间的互动平台，及时了解居民的需求和困难，这样有利于及时为居民排忧解难。

三、建设智慧城市应注意的问题

随着中国新型城镇化进程推进，智慧城市建设将成为新型城镇化的重要部分，我国要充分吸取国外智慧城市发展的经验与教训，构建有中国特色的智慧城市。

首先，坚持从中国国情实际出发，不能盲目发展、复制他国模式。智慧城市的发展起源于美国，但是近年来在我国发展较快。全球已建设的智慧城市仅有几十个，而我国目前要建设的智慧城市数量超过 200 个。我国很多大城市的智慧城市建设已经达到了相当水平，但这种发展模式很难普及到全国；中国当前并不具备全面建设智慧城市的条件。因此，智慧城市的建设一定要慎重，不能盲目，要基于中国国情，中国仍是一个农业人口大国，是基于这样的国情基础上尝试发展信息化城市，中国智慧城市的建设与发达国家区别较多，绝不能照搬国外的经验。

其次，选择因地制宜、因时制宜的切入点。中国建设智慧城市效果较佳的多为大城市，这归咎于大城市信息化程度发达；而小城市信息化程度非常低，所以小城市建设智慧城市存在较多的困难。但是，从中小城市入手的智慧城市建设试点更具有意义。因为中小城市在交通拥堵、环境恶化等问题相对于大城市存在一定的优势，并且可以在更多的领域实现创新。

再次，建议推进国家体制改革，解决数据获取的难度问题。这需要国家从政府顶层设计，对不同部门、不同产业、不同行业之间的数据进行统计标准、发布共享，在涉及国家安全问题的前提下，做到部分数据公开；探索解决部门利益争端的问题，真正做好政府的信息公开。

最后，建议加快各信息系统之间的接口连通性。智慧城市的发展离不开各类信息技术之间连通。各种电子传感器设备的广泛架设让城市的信息流愈加紧密。但是，当今世界上很多城市的信息系统尚未实现完全共享，并且在我国表现突出。我国发展了20多年的信息化，产生出大量的数据孤岛，这些数据之间未能互通互联，浪费了数据本身的价值。

第三节　规划技术对内涵型城镇化的指导作用

一、地理信息系统及其应用

（一）地理信息系统概述

地理信息系统（Geographic Information System，GIS）是在计算机硬、软件支持下，对现实世界（资源与环境）的各类空间数据及描述这些空间数据特性的属性进行采集、储存、管理、运算、分析、显示和描述的技术系统，它作为集计算机科学、地理学、测绘遥感学、环境科学、城市科学、空间科学、信息科学和管理科学为一体的新兴边缘学科而迅速地兴起和发展起来。

在GIS中，为了表达和管理现实世界，需要对其进行抽象。空间数据对地理实体最基本的表示方法是点、线、面和三维体。除了空间数据，GIS还要管理相应的属性数据，以支持各种查询分析。空间上连续分布的现象可以抽象为三维表面。

（二）地理信息系统在城镇规划的应用

地理信息系统始于20世纪60年代后期的加拿大，GIS作为一项新技术应用于中国的城市规划开始于20世纪80年代中期。GIS可应用于城市规划领域的各个方面，从设计到管理，从前期资料收集整理到成果出图，从小范围的详细规划到大的区域规划，从综合性的总体规划到专项规划，从项目选址到可持续发展战略制定。不同用户、不同的阶段又有不同的应用重点，如规划管理部门主要应用GIS空间数据库功能，以查询显示为主；而设计部门则要用到GIS的空间分析功能，在GIS空间数据库的基础上加入规划专业分析模块。具体应用包含九大方向：

1. 地理信息的表达

专题地图是GIS表达空间、属性信息最主要的方式，也是用户获得查询、分析结果的主要途径。

2. 空间要素分类

根据属性对空间要素分类是GIS最基本的分析功能，据此可产生人口密度图、土地利用图、建筑类型图、环境质量评价图、交通流量图等，而且可以灵活地调整分类方法。

3. 空间分析

GIS软件一般均允许用户在所显示的地图上用鼠标选择要素后立刻显示要素的属性信息，某些多媒体的信息，如文本、图像、动画、声音等也可作为要素的属性查询。可以在属性表中进行查询，选择后，立刻显示和属性相对应的图形要素。

4. 几何量算

GIS软件可以自动计算不规则曲线的长度，不规则多边形的周长、面积，不规则地形的设计填挖土方量等。

5. 属性查询

由于一般 GIS 的属性数据是按表状存储的，关系型数据库的查询功能也对 GIS 的属性有效；由于多数 GIS 软件具有属性查询功能，因此在查询属性记录的同时，可将对应的空间要素以某种形式表达出来。

6. 叠合

栅格和栅格的叠合是最简单的叠合（Overlay），在叠合的同时还可加入栅格之间的算术运算，这种方法常用于社会、经济指标的分析，资源、环境指标的评价。

7. 邻近分析

产生离开某些要素一定距离的邻近区是 GIS 的常用分析功能，即缓冲区分析。例如，产生点状设施的服务半径包络区、道路中心线两侧等距边线包络区、历史性保护建筑的等距影响范围等。在此基础上，利用多边形和多边形的叠合功能，将影响范围或服务范围多边形和人口统计多边形相叠合，可以获得不同服务半径或影响范围内大致的居住人口。

8. 网络分析

估计交通的时间、成本，选择运输的路径，计算网络状公共设施的供需负荷，寻找最近的服务设施，产生在一定交通条件下的服务范围，沿着交通线路、市政管线分配点状供应设施的资源等，是 GIS 典型的网络分析功能。

9. 栅格分析

比较常用的栅格功能有：坡度、坡向、日照强度的分析，地形的任意断面图生成，可栅性检验，工程填挖方计算，根据点状样本产生距离图、密度图等。比较复杂的栅格分析有模拟资源在一定空间范围内的扩散等。前述的栅格和栅格的叠加分析也是分析的一种。此外，基于一些专业模型计算得到相应专题信息，如大气污染的空间扩散，也通常采用栅格的途径实现。

二、遥感技术及其应用

（一）地形测绘

用航空摄影图像测绘地形比计算机的应用历史更长。目前，1∶2000～1∶50000的地形测绘广泛应用航空影像实现，更小比例的地形测绘可利用卫星影像。因高层建筑的遮挡，1∶500或1∶1000的地形测绘，若用航空摄影方法，在大城市的建成区有较大局限。

（二）用地调查与更新

在编制城市规划的过程中，利用遥感手段制作城市规划用地现状图具有多、快、好、省的特点。经实际操作证明，利用0.61m分辨率的卫星遥感影像，可以分辨出绝大多数类型的城市建设用地。在规划的执行过程中，也可以利用卫星遥感影像及时发现变化，掌握各类用地的变化是否符合城市规划。

（三）绿化、植被调查

通过影像判读城市绿化覆盖率、绿地率、植物的生长状态往往比实地调查更有效。

（四）环境调查

利用遥感信息可以调查大气污染、水体污染的分布情况或扩散状况，还可调查城市“热岛”、固体废弃物的分布。

（五）交通调查

在影像图上可以统计某一瞬间的车辆、行人的分布，进而估计交通流量。将两个间隔时间很短、同一地景的图像进行对比，可以测出车辆、行人的运动速度和停车状况。

（六）景观调查

对从不同角度产生的、同一地物范围的影像，可以用光学立体镜直接、立体地观察地面景观。采用计算机图像处理技术，可以将上述影像图转换成三维立体的数字高程模型，用于大范围的城市景观调查。

（七）人口估算

在大比例尺航空相片上，可以观察到住宅的立面，从而累计住宅单元数，再利用人口和住房的有关统计资料，估算出人口在空间上的大致分布。

（八）城市规划动态监测

根据不同时相的遥感影像进行对比，发现变化，将变化与规划对比，判断其是否符合城市规划。基层城市规划行政主管部门可以依此发现非法建设与非法用地，上级城市规划行政主管部门则可以据此判断变化是否符合已经批复的城市规划，并发现是否存在行政主体违法的现象。

三、CAD 与图形/图像处理技术

计算机辅助设计技术的发展受到计算机图形、图像处理、数据库、人机交互等技术的影响，现在已广泛应用于城市规划的日常业务。计算机辅助设计和图形、图像处理技术对规划业务的影响主要反映在以下六方面：

（一）提高修改、编辑设计成果的效率

虽然方案草图还以徒手画最方便、简单的成果图用熟练手工绘制也可很快完成，但对稍有复杂程度、需要反复编辑、多次修改的设计成果，和手工相比，采用 CAD 技术提高的效率是显著的。

（二）使规划设计成果、建设项目申请与审批的成果更精确、更详细

定坐标、注距离、量长度、算面积、平衡土方等工作用手工完成和用 CAD 相比，后者的精确性、详细程度明显好于前者，但成果的精度也会受到地形测绘信息精确性的制约。

（三）减少差错和疏漏

以数字为媒体的设计，往往可以自动避免某些差错、疏漏，也可利用计算机程序来检查设计成果中的某些逻辑差错，并提醒用户改正。

（四）使设计成果的表达更加直观、丰富

计算机的渲染、动画、景观仿真技术使得到的图形、图像具有特殊的表现力，给人以直观甚至是身临其境的感受，虚拟现实技术还可使一般用户交互式地、动态地体会景观。虽然手绘效果好、实体模型还会长期存在，但通常难以实现计算机所达到的效果。

（五）便于资料保存、查询、积累

以数字为媒体的设计资料的保存介质比纸介质体积小、存储密度高，便于查找、积累，还可以通过计算机网络向外发布。

（六）突破传统设计上的某些局限

某些具有特征造型的建筑物、道路、场地可利用 CAD 技术设计、表达出来，而用传统手工方法很难做到。

四、城市规划信息化

信息化技术进入中国城市规划领域已 20 余年，为城市规划提供了现代化的技术支撑，逐步成为城市规划编制和管理过程中不可或缺的辅助手段，极大地提高了城市规划水平和效率，并在人类社会城市规划进程中为城市规划的龙头作用体现提供了强大的科技平台。目前，全国已经有 200 多个城市建立了城市空间信息基础设施系统。近千个城市规划设计院采用了 GIS、CAD、虚拟现实技术和数据库技术等手段，初步实现了规划基础数据管理数字化、规划设计网络化、方案展示虚拟化，整体提高了规划设计行业在基础数据管理、规划方案设计、规划成果展现等方面的能力与规范化水平。

通常，城市规划信息化包括以下几个方面的信息化，即基础设施信息化、规划计划信息化、规划管理信息化、规划监管信息化、规划参与信息化和业务联动信息化。

第四节　其他技术对内涵型城镇化的影响

一、建筑节能与新能源应用技术

建筑节能与新能源应用技术包括：太阳能建筑一体化技术，外遮阳、隔热保温技术，新型墙体材料与空气源热泵技术，水源热泵技术，热、冷、电三联供技术及控制技术，新型照明及机电节能技术。

二、市政公用工程技术

市政公用工程技术包括：建筑节水应用技术，分直供水和直饮水应用技术，污水再生利用技术，雨污分流收集、处理、利用技术。

三、城镇环境卫生现代化技术

城镇环境卫生现代化技术包括：封闭式垃圾自动收集技术，垃圾分类收集、再生利用配套技术，生活垃圾焚烧、卫生填埋、处理、发电技术，粪便收集、运输与处理技术。

四、新型建筑结构与施工技术

新型建筑结构与施工技术包括：防震减灾技术，钢结构应用技术，大跨度空间结构技术，超常结构空间定位技术，清水混凝土施工技术，预制桥梁拼装技术。

五、城镇公共交通技术

城镇公共交通技术包括：绿色与智能交通技术，快速公交与城市公交一体化技术系统，新型公交站场及综合枢纽设置技术，城市立体停车技术。

六、信息工程应用技术

信息工程应用技术包括：城市空间信息应用技术，工程勘察、设计、施工信息技术，项目管理、城市管理和政府监管系统信息技术，数字社区与智能家居应用技术。

参考文献

［1］岑迪，周剑云，赵渺希．“流空间”视角下的新型城镇化研究［J］．规划师，2013（4）．

［2］曹广忠．企业布局、产业集聚与小城镇发展——对山东、浙江四个小城镇的调查分析［J］．农业经济问题，2003（7）．

［3］崔武德，彭虹．国内外农村城镇化与工业化模式综述及经验借鉴［J］．中共铜仁市委党校学报，2012（6）．

［4］郭建安，郑霞泽．社区矫正导论［M］．法律出版社，2004．

［5］李国平．我国工业化与城镇化的协调关系分析与评估［J］．地域研究与开发，2008，27（5）．

［6］李爱民．中国半城镇化研究［J］．人口研究（京），2013（4）．

［7］刘玉婷．转型期中国城市贫困的社会空间［M］．科学出版社，2005．

［8］倪鹏飞．中国城市竞争力与基础设施关系的实证研究［J］．中国工业经济，2002（5）．

［9］武铁传．论软实力与硬实力的辩证关系及意义［J］．理论导刊，2009（5）．

［10］徐兰兰．城镇化进程中的基层政府社会管理困境与体制改革探索实践——基于汕头市濠江区B街道的个案研究［C］．第八届（2013）中国管

理学年会论文集（选编），2013.

[11] 薛涌. 怎样做大国 [M]. 中信出版社，2009.

[12] 邢青. 城市空间重构推动创意产业的发展——浅谈哈尔滨工业用地调整规划 [J]. 中国科技信息，2008 (8).

[13] 张燚，张锐. 城市品牌论 [J]. 管理学报，2006，3 (4).

[14] 庄德林，陈信康. 国际大都市软实力内涵、塑造经验与启示 [J]. 中国科技论坛，2010 (4).

[15] 赵琨，王天青，王宁. 基于低碳经济的产业转型与空间重构研究——以环胶州湾地区为例 [C]. 规划创新：2010 中国城市规划年会论文集，2010.

[16] 中国社会科学院. 中国城市发展报告（2012）[M]. 中国建筑工业出版社，2012.